Medienwissen kompakt

Reihe herausgegeben von
K. Beck, Berlin, Deutschland
G. Reus, Hannover, Deutschland

Die Reihe Medienwissen kompakt greift aktuelle Fragen rund um Medien, Kommunikation, Journalismus und Öffentlichkeit auf und beleuchtet sie in eingängiger und knapper Form aus der Sicht der Publizistik- und Kommunikationswissenschaft. Die Bände richten sich an interessierte Laien ohne spezielle Fachkenntnisse sowie an Studierende anderer Sozial- und Geisteswissenschaften. Ausgewiesene Experten geben fundierte Antworten und stellen Befunde ihres Forschungsgebietes vor. Das Besondere daran ist: sie tun es in einer Sprache, die leiht lebendig und jedermann veständlich sein soll.

Mit einer möglichst alltagsnahen Darstellung folgen Herausgeber und Autoren dem alten publizistischen Ideal, möglichst alle Leser zu erreichen. Deshalb verzichten wir auch auf einige Standards „akademischen" Schreibens und folgen stattdessen journalistischen Standards: In den Bänden dieser Reihe finden sich weder Fußnoten mit Anmerkungen noch detaillierte Quellenbelege bei Zitaten und Verweisen. Wie im Qualitätsjournalismus üblich, sind alle Zitate und Quellen selbstverständlich geprüft und können jederzeit nachgewiesen werden. Doch tauchen Belege mit Band- und Seitenangaben um der leichten Lesbarkeit willen nur in Ausnahmefällen im Text auf.

Weitere Bände in der Reihe http://www.springer.com/series/11553

Mathias Kepplinger

Medien und Skandale

 Springer VS

Mathias Kepplinger
Mainz, Deutschland

Medienwissen kompakt
ISBN 978-3-658-21393-0   ISBN 978-3-658-21394-7   (eBook)
https://doi.org/10.1007/978-3-658-21394-7

Die Deutsche Nationalbibliothek verzeichnet diese Publikation in der Deutschen Nationalbibliografie; detaillierte bibliografische Daten sind im Internet über http://dnb.d-nb.de abrufbar.

Springer VS

Verantwortlich im Verlag: Barbara Emig-Roller

Gedruckt auf säurefreiem und chlorfrei gebleichtem Papier

Springer VS ist ein Imprint der eingetragenen Gesellschaft Springer Fachmedien Wiesbaden GmbH und ist ein Teil von Springer Nature
Die Anschrift der Gesellschaft ist: Abraham-Lincoln-Str. 46, 65189 Wiesbaden, Germany

Inhalt

6   Inhalt

1. Einstieg: Was ist ein Skandal?

Umgangssprachlich sagen wir: »Die Strompreise sind ein Skandal«; »Die Zustände in Krankenhäusern sind skandalös«; »Der Umgang der Polizei mit den Demonstranten ist ein Skandal«. Der Begriff steht in Aussagen wie diesen für das, was die Sprecher besonders kritikwürdig finden. Wenn man den Begriff so verwendet, hat jeder seinen eigenen Skandal – der erste die Strompreise, der zweite die Zustände im Krankenhaus, der dritte das Verhalten der Polizei. Für eine systematische Untersuchung von Skandalen braucht man jedoch eine möglichst klare Vorstellung davon, was man unter einem Skandal versteht.

Der Begriff »Skandal« geht auf das griechische »Skandalon« zurück – ein Skandal in diesem Sinne ist etwas, das Ärgernis erregt. Beachtenswert ist der emotionale Charakter der Reaktionen. Den so verstandenen Skandalbegriff und den damit bezeichneten Sachverhalt kann man von ähnlichen Begriffen und Phänomenen wie »Affäre«, »Ärgernis«, »Blamage«, »Eklat«, »Katastrophe«, »Missstand« und »Übel« abgrenzen. Ein Skandal im hier behandelten Sinn ist die empörte Reaktion eines erheblichen Teils der Bevölkerung auf

© Springer Fachmedien Wiesbaden GmbH, ein Teil von Springer Nature 2018
M. Kepplinger, *Medien und Skandale*, Medienwissen kompakt,
https://doi.org/10.1007/978-3-658-21394-7_1

einen tatsächlichen oder vermeintlichen Missstand.[1] Er weist sieben Merkmale auf:

1. *Anlass von Skandalen sind Sach-, Personen- und Umweltschäden sowie Verletzungen von Normen und Werten aller Art, die man generalisierend als Missstände bezeichnen kann.* Beispiele sind die finanziellen Folgen des Zusammenbruchs von Lehman Brothers, die Todesfälle durch den Einsturz der Eissporthalle in Bad Reichenhall und das Vogelsterben durch den Ausbruch der Vogelgrippe.
2. *Die Werte und Normen ändern sich im Lauf der Zeit, und sie sind von Land zu Land verschieden.* Deshalb verursachten die rauchenden Schlote an der Ruhr in den 1960er-Jahren im Unterschied zur Feinstaubbelastung einiger Städte sechzig Jahre später keine Skandale, und deshalb konnte Gerhard Schröder 1998 trotz einer kurz zurückliegenden Affäre Bundeskanzler werden, während Bob Dole 1996 als Präsidentschaftskandidat in den USA in einem Skandal unterging, weil er 24 Jahre zuvor eine außereheliche Affäre hatte.
3. *Der Missstand wurde durch Menschen verursacht.* Ist er die Folge eines natürlichen Ereignisses oder eines Zufalls, wird er nicht zum Skandal. Deshalb wurde der Zusammenbruch der Eissporthalle in Bad Reichenhall erst dann zum Skandal, als herauskam, dass sie nicht wegen der Schneelast, sondern wegen Baufehlern zusammengebrochen war, und deshalb wurde der Reaktorunfall in Fukushima in Deutschland zum Skandal, nicht aber der Tsunami, der weit mehr Menschenleben kostete.
4. *Die Verursacher der Schäden haben tatsächlich oder vermeintlich aus eigennützigen Motiven gehandelt.* Deshalb wurde das finanzielle Gebaren des damaligen Bundesprä-

---

1   Vgl. Hans Mathias Kepplinger (2017): *Die Mechanismen der Skandalisierung.* Reinbek: Lau-Verlag, S. 27–38.

sidenten Wulff und des Limburger Bischofs Tebartz-van Elst zu großen Skandalen, nicht aber die Millionenverluste zahlreicher Großstädte durch Fehlspekulationen, die Fehlinvestitionen in den Nürburgring und das Versagen von Aufsichtsrat und Geschäftsführung der Flughafen Berlin Brandenburg GmbH.

5. *Die Verursacher hätten auch anders handeln können.* Deshalb wurde der von einem betrunkenen Mitarbeiter verursachte Ortho-Nitroanisol-Unfall im Griesheimer Werk der Hoechst AG im Jahr 1993 zu einem großen Skandal, obwohl es weder Tote noch Verletzte gab, nicht aber der Absturz einer Maschine der Lufthansa im gleichen Jahr in Warschau als Folge von Scherwinden, bei dem zwei Menschen ums Leben kamen.

6. *Die Medien stellen das Geschehen sehr intensiv und weitgehend übereinstimmend dar.* Nur dann erreichen die Berichte hinreichend viele Menschen, erscheinen ihnen bedeutsam und rufen Empörung hervor. Deshalb führte die Anprangerung Sebastian Edathys wegen des Kaufs angeblich pädophiler Fotos zu einem großen Skandal, die diffuse Kritik an Daniel Cohn-Bendits pädophilen Selbstbekenntnissen dagegen nicht.

7. *Da sich die Angeprangerten schuldig gemacht haben, müssen sie zur Rechenschaft gezogen werden.* Ihre Schuld erfordert unmittelbar Sühne und schmerzhafte Konsequenzen – zum Beispiel die Stilllegung von Betrieben aufgrund des Skandals um die Großbäckerei Müller-Brot, die Entlassung leitender Mitarbeiter aufgrund des Skandals um manipulierte Dieselfahrzeuge von VW, die Rücktritte von Christian Wulff, Franz-Peter Tebartz-van Elst oder der Kieler Oberbürgermeisterin Susanne Gaschke.

Die Skandalisierung eines Missstands unterscheidet sich aus den genannten Gründen erheblich von der Aufdeckung eines Missstands. Letzteres ist Ziel des investigativen Journalismus, dessen Entdeckungen und Enthüllungen zum Anlass und Gegenstand geregelter Verfahren werden. Die Skandalisierung eines Missstands zielt im Unterschied dazu nicht auf die Initiierung eines geregelten Verfahrens, sondern greift einem geregelten Verfahren vor, und die Grundlage des Urteils über die Verantwortlichen sind nicht Gesetze und Verordnungen, sondern ist die Empörung eines relevanten Teils der Gesellschaft.

Bis vor einigen Jahren wurde der Begriff »Medienskandal« in Analogie zu Begriffen wie »Finanzskandal« und »Parteispendenskandal« zur Charakterisierung von Medienvertretern, Medienorganisationen oder deren Verhaltensweisen verwendet. Beispiele für Medienskandale in diesem Sinn sind:

- Die von Konrad Kujau gefälschten und von Gerd Heidemann vermittelten Hitler-Tagebücher: Der *Stern* veröffentlichte im Jahr 1983 Auszüge aus angeblich gerade entdeckten Hitler-Tagebüchern mit dem Anspruch, die Geschichte des Dritten Reichs müsse umgeschrieben werden. Die Redaktion illustrierte die gelieferten Fälschungen mit Fotos und passenden Bildunterschriften, die die Darstellung glaubhaft erscheinen ließen. Tatsachlich handelte es sich um Produkte des Malers Kujau.
- Die gefälschten Reportagen von Michael Born: *Stern TV* hatte in den 90er-Jahren mehrere spektakuläre Reportagen des Fernsehjournalisten Michael Born gesendet. Darunter war als Beweis für rechtsradikale Umtriebe in der Bundesrepublik ein Bericht über das Treffen eines Ablegers des Ku-Klux-Klans in der Eifel. Tatsächlich hatte Born die Ku-Klux-Klan-Szenen mit maskierten Freunden gespielt.
- Der angebliche Fememord in Sebnitz: Im Sebnitzer Freibad war im Jahr 2000 der leblose Körper eines Jungen entdeckt und ohne klaren Befund obduziert worden. Nach einer komplexen Zwischengeschichte meldete *BILD*, Neonazis hätten das Kind ertränkt. Später wurde bekannt, dass

Zeugen gelogen hatten und der Junge wahrscheinlich aufgrund einer Vorerkrankung gestorben war.

In diesen und anderen Medienskandalen geht es um tatsächliche und vermeintliche Verstöße gegen Berufsnormen und allgemeine ethische Prinzipien durch Journalisten und Medien. Medien und ihre Akteure sind die Anlässe und Gegenstände von Skandalen (oder publizistischen Konflikten) – nicht Mittler zwischen einem skandalösen Verhalten und dem Publikum. Mittler waren in den meisten Fällen andere, kritische Medien und Journalisten, die das skandalöse Verhalten von Kollegen aufgedeckt oder angeprangert haben.

Seit einigen Jahren verwenden manche Autoren den Begriff » Medienskandal « zur Akzentuierung der Bedeutung der Medien für Skandale. Der Begriff » Medienskandal « dient hier dazu, Skandale, die nicht von den Medien beachtet werden, von Skandalen abzugrenzen, deren Verlauf sie beeinflussen. Anlass für die Neudefinition des Begriffs » Medienskandal « ist die Erkenntnis, dass in allen bedeutenden Skandalen die Medien eine besondere Rolle spielen. Begründet wird die Neudefinition mit dem Hinweis auf Skandale aufgrund von Verdächtigungen und Gerüchten von Personen vor Ort, die lokal begrenzt bleiben, weil die Medien sie nicht aufgreifen. Diese nicht medienrelevanten Skandale unterscheiden sich allerdings nur graduell von Skandalen, in deren Verlauf die Medien eine zentrale Rolle spielen.

In diesem Zusammenhang sind mehrere Sachverhalte zu bedenken. Skandale ohne Medienrelevanz sind – von sehr seltenen Ausnahmen abgesehen – gesellschaftlich nicht bedeutsam. Sie interessieren niemanden, außer die Beteiligten und deren direkte Umgebung. Skandale ohne Medienrelevanz spielen aus dem genannten Grund in der Wissenschaft – mit Ausnahme der Kleingruppenforschung – keine Rolle. Zudem besaßen die Medien schon lange vor der Entstehung der Massenpresse eine große Bedeutung für die Entstehung und den

Verlauf von Skandalen. Es handelte sich nur um andere Medien, vor allem handgeschriebene und gedruckte Flugschriften mit und ohne Bilder. Ein historisch bedeutendes Beispiel ist die Skandalisierung des römischen Feldherrn Marcus Antonius wegen seiner Verbindung zu Kleopatra und dem lasterhaften Orient durch die Pranger-Reden Ciceros. Cicero ließ sie in speziellen Schreibbüros vervielfältigen und massenhaft verbreiten. Ein weiteres Beispiel ist die massenwirksame Skandalisierung einzelne Kleriker und des Klerus insgesamt durch die Spottverse Pietro Aretinos. Aretino ließ sie in Rom an die vielfrequentierte Statue des Pasquino heften und erreichte dadurch ein großes, disperses Publikum. In beiden Fällen spielten Medien eine zentrale Rolle, mit deren Hilfe die Betroffenen massenwirksam angeprangert wurden. Das war vor 2 000 Jahren so, und daran hat sich nichts Grundlegendes geändert.

Für die Verwendung des Begriffs »Medienskandal« zur Kennzeichnung von Skandalen, in denen Medien eine bedeutende Rolle spielen, spricht, dass dies die Bedeutung der Medien hervorhebt. Drei Gründe sprechen aber dagegen. Erstens: Der Begriff vermittelt den irreführenden Eindruck, dass Medienskandale etwas Besonderes wären und auf besondere Weise beschrieben und erklärt werden müssten. Dem ist allerdings nicht so. Zweitens: Es gibt keine sachlich zwingenden Gründe für die Einführung eines neuen Skandalbegriffs, weil sich die Motive und Vorgehensweisen der Skandalisierer sowie die Auswirkungen der Skandalisierung auf die Skandalisierten und auf unbeteiligte Beobachter nicht geändert haben. Drittens: Der Begriff ist mehrdeutig und kann zu Missverständnissen führen.

Aus den genannten Gründen wird in der vorliegenden Einführung der traditionelle, zu Beginn dieses Kapitels erläuterte Skandalbegriff verwendet. Und deshalb heißt dieses Buch nicht »Medienskandale«, sondern »Medien und Skandale«.

2. Aufbau des Bandes

Ziel dieses Buches ist es, zu erläutern, was einen Skandal ausmacht. Theoretische Überlegungen werden wir in sieben Kapiteln mit Forschungsergebnissen illustrieren. Sie stammen aus:

- Inhaltsanalysen der Medienberichterstattung;
- Befragungen sachkundiger Personen, Journalisten und Protagonisten anprangernder Medienberichte;
- Schätzungen der Nutzung und Reichweite skandalisierender Medienberichte sowie
- Laborexperimenten und Feldstudien (also Studien unter natürlichen Bedingungen außerhalb des Labors) zur Wirkung von Skandalisierungen.

Diese Untersuchungen vermitteln empirisch fundierte Vorstellungen von den Ursachen, Dimensionen und Wirkungen von Skandalen. Mehrere Passagen beruhen wörtlich oder in überarbeiteter Form auf früheren Veröffentlichungen des Verfassers, auf Texten von Mitarbeitenden und Studierenden sowie auf nicht publizierten Vorträgen und bisher nicht veröffentlichten Forschungsberichten. Diese Quellen werden – wie

© Springer Fachmedien Wiesbaden GmbH, ein Teil von Springer Nature 2018
M. Kepplinger, *Medien und Skandale*, Medienwissen kompakt,
https://doi.org/10.1007/978-3-658-21394-7_2

alle anderen Texte – zwar belegt, aber nicht als Zitate gekenn-
zeichnet.

Den meisten Skandalstudien liegt die unausgesprochene
Annahme zugrunde, dass der besprochene Skandal berechtigt ist – die Vorwürfe gegen die Skandalisierten also zutreffen
und das Ausmaß ihrer Anprangerung der Sache angemessen
ist. Dieser Eindruck beruht meist darauf, dass die Darstellungen überwiegend oder ausschließlich auf Berichten von Medien beruhen, die den Skandal etabliert und vorangetrieben
haben. Eine Folge dieser eingeschränkten Sichtweise ist die
unzulässige Vermischung von zwei Sachverhalten – Missständen und Skandalen. Die Unterschiede zwischen diesen Sachverhalten erkennt man anhand von medienexternen Realitätsindikatoren – darunter Dokumente, Messergebnisse, Aussagen von Augenzeugen oder Expertenmeinungen. Sie sind
Voraussetzungen für sachlich begründete Aussagen über die
Größe eines Missstandes und das Ausmaß seiner Skandalisierung. Folglich bilden sie die Grundlage eines Urteils darüber,
ob eine Skandalisierung berechtigt, übertrieben oder völlig
verfehlt ist. Deshalb geht es in Kapitel 3 um tatsächliche oder
vermeintliche Missstände sowie um publizistische Konflikte
und Skandale.

Die notwendige Unterscheidung von Missständen und
Skandalen wirft die Frage auf: Wie werden Missstände zu
Skandalen? Sie ist Gegenstand von Kapitel 4. Die Grundlage
jeder Skandalisierung bildet eine skandaltypische Wahrnehmung von Missständen. Worin besteht sie? Die Antwort führt
zu der Frage: Welche Mittel verbreiten eine skandaltypische
Wahrnehmung effektiv? Dabei kann man sieben Möglichkeiten unterscheiden. Das führt zu der Frage: Wie schlägt sich
die skandaltypische Wahrnehmung von Missständen prak-
tisch in der Berichterstattung nieder? Antworten geben vergleichende Inhaltsanalysen der Berichterstattung über nicht
skandalisierte und skandalisierte Missstände.

Skandale sind die Folge von Skandalisierungen, also Handlungen von Akteuren. Um sie geht es in Kapitel 5. Dabei muss man die Akteure im Hintergrund von den Journalisten unterscheiden. Die aktiven Journalisten bilden wiederum keine Einheit. Man findet Journalisten in verschiedenen Rollen, die unterschiedliche publizistische Funktionen besitzen. Sie werden in diesem Kapitel dargestellt. Erfolgreiche Skandalisierungen beruhen auf zahlreichen Gabelungen, in denen sie den einen oder anderen Verlauf nehmen können. Sie können z. B. dazu führen, dass ein Anfangsskandal zahlreiche neue, scheinbar ähnliche Skandale gebiert, die sachlich oft wenig gemeinsam haben. Das führt zu der Frage nach den medieninternen Ursachen der Skandalisierung von Missständen – der Berufsauffassung von Journalisten sowie ihren berufstypischen Entscheidungskriterien, darunter die Nachrichtenfaktoren.

Gegenstand von Kapitel 6 ist die Entwicklung der Skandalhäufigkeit in Deutschland und anderen Ländern. Erfasst wird sie unabhängig von der sachlichen Berechtigung der Skandalisierungen mit Inhaltsanalysen der Berichterstattung. Sie geben auch Auskunft über die Dauer zwischen den ersten Beiträgen und den für politische Skandale häufigen Folgen, z. B. den Rücktritten der Skandalisierten. Zudem liefern sie eine Grundlage für Studien zu den mehr oder weniger erfolgreichen Versuchen der Skandalisierten, in ihre frühere oder eine vergleichbare Position zurückzukehren.

Kapitel 7 stellt die Wirkungen der Medien aus mehreren Perspektiven dar. Zunächst geht es um die Bekanntheit von Vorwürfen als notwendige Voraussetzung einer erfolgreichen Skandalisierung sowie um die Entwicklung der Wirkungen im Zeitverlauf. Danach geht es um die Zusammenhänge zwischen der Menge und Art der skandalisierenden Beiträge, der Wahrnehmung des Geschehens durch die Leser anhand der Beiträge und um ihre damit verbundenen Emotionen. Das führt zur Betrachtung der Zusammenhänge zwischen den Wahrnehmungen und Emotionen der Leser und den von ihnen daraus abgeleiteten Forderungen.

Das eigentümliche Verhalten vieler Skandalisierter im Vorfeld möglicher Skandalisierungen ist Gegenstand von Kapitel 8. Im Mittelpunkt steht die Frage, weshalb viele die Gefahr einer Skandalisierung von mehr oder weniger gravierenden Fehlern nicht erkennen und dann von der Skandalisierung völlig unvorbereitet getroffen werden. Im Anschluss daran werden die direkten Medieneffekte auf die Skandalisierten beschrieben und erklärt. Dabei geht es um ihre typische Nutzung der Berichte, ihre Vermutung über die Wirkung der Berichte auf Dritte sowie um die reduzierten Handlungsmöglichkeiten der Skandalisierten. Abschließend wird geklärt, warum Skandalisierte anprangernde Medienberichte anders wahrnehmen als unbeteiligte Beobachter und weshalb sie sich die Art der Berichte mit fragwürdigen Absichten der Journalisten erklären.

Kapitel 9 behandelt die Unterschiede zwischen empirisch messbaren Effekten einer Skandalisierung auf die Beteiligten und den Funktionen, die Skandalen gelegentlich zugeschrieben werden. Zunächst werden die Thesen der »funktionalen« Skandaltheorien erläutert und in eine prüfbare Form überführt. Danach werden negative Nebenwirkungen von Skandalen dargestellt und anhand von Beispielen erläutert. Das führt zu einer Abschätzung ihrer Kosten-Nutzen-Bilanz. Abschließend wird auf der Grundlage einer quantitativen Analyse die Frage beantwortet, ob eine Skandalisierung aller bekannten Missstände möglich und wünschenswert wäre.

Kapitel 10 enthält eine Übersicht über wichtige empirische Ergebnisse der Skandalforschung, erläutert mehrere ungeklärte Fragen und verweist auf den Mangel an systematischen Darstellungen der Ergebnisse auf einigen Forschungsfeldern.

3. Missstände, Skandale, publizistische Konflikte

Grundlegend für eine systematische Analyse der Thematik ist die Unterscheidung von Missständen, publizistischen Konflikten und Skandalen. Sie folgt aus der Erkenntnis, dass nicht alle Missstände skandalisiert werden, und dass ihre Skandalisierung nicht immer zu einem Skandal führt. Sie kann auch in einen publizistischen Konflikt münden, der sich in mehrfacher Hinsicht von einem Skandal unterscheidet.

Die größten Umwelt*schäden* gibt es in Staaten, in denen es kaum oder gar nicht zu Umweltskandalen kommt – in den Ländern der Dritten Welt und China. Die größten Umwelt*skandale* gibt es in Staaten, in denen die Umwelt am wenigsten geschädigt ist – den westlichen Industrienationen. Das trifft in ähnlicher Weise auch auf politische Skandale zu. Sie häufen sich nicht in den Staaten mit den größten politischen Missständen, sondern in den Ländern mit den effektivsten und transparentesten politischen Institutionen. Eine zeitgeschichtliche Betrachtung des Verhältnisses von Umweltschäden und Umweltskandalen führt zu einem ähnlichen Ergebnis: Die größten Umwelt*schäden* gab es in Deutschland in den 1950er- und 1960er-Jahren, aber damals gab es keine Umweltskandale. Die meisten Umwelt*skandale* gab es in den

© Springer Fachmedien Wiesbaden GmbH, ein Teil von Springer Nature 2018
M. Kepplinger, *Medien und Skandale*, Medienwissen kompakt,
https://doi.org/10.1007/978-3-658-21394-7_3

1980er- und 1990er-Jahren, als die Umweltbelastung bereits wesentlich geringer geworden war.

Missstände

Skandale entstehen nicht automatisch die »Aufdeckung« von Missständen. Vielmehr waren zahlreiche Missstände, die später große Skandale ausgelöst haben, schon vorher bekannt:

- Der wohlwollende Kommentar des Journalisten Werner Höfer aus dem Jahr 1943 zur Hinrichtung des Konzertpianisten Karlrobert Kreiten, der 1987 Höfers Karriere beim *WDR* beendete, war seit 1962 bekannt.
- Über die von Unternehmen bezahlten Flugreisen des baden-württembergischen Ministerpräsidenten Lothar Späth, die 1990 einen Skandal hervorriefen und Späths Rücktritt auslösten, hatten mehrere Medien seit 1980 wohlwollend berichtet.
- Der sexuelle Missbrauch von Schülern durch Lehrer, der im Jahr 2010 einen Skandal auslöste, war seit 1999 durch einen ausführlichen Bericht der *Frankfurter Rundschau* bekannt.

Die Beispiele zeigen: Skandale sind nicht einfach nur der Ausdruck großer Missstände. Zwischen Skandalen und Missständen besteht vielmehr ein kategorialer Unterschied. Es handelt sich um zwei unterschiedliche Phänomene. Skandale beruhen auf der Anprangerung tatsächlicher oder vermeintlicher Missstände (vgl. Kapitel 7). Die Entschiedenheit, mit der die Medien dabei vorgehen, hat im Lauf der Zeit zugenommen. Das belegt eine Analyse der Darstellung der Missstände, die die Rücktritte von 16 Bundesministern auslösten. Bis Mitte der 1980er-Jahre stellten die Medien die Missstände ambivalent dar – damals hielten sich klare Tatsachenbehauptungen und massive Zweifel die Waage. Beispiele sind die Skandalisierung der Minister Oberländer (1960), Maihofer (1978) und Leber (1978). Seit den frühen 1990er-Jahren stellten die Medien die Missstände dagegen mit Ausnahme der Skandalisierung der Minister Krause (1993) und Schavan (2013) eindeutig als gegeben dar. Beispiele sind die Skandalisierung der Minister Seiters (1993), Klimmt (2000), Fischer (2001) und Jung (2009). Die Entwicklung kann man als Folge einer größeren Sorgfalt im Vorfeld von Skandalisierungen ansehen. Man kann sie aber auch als Folge einer wachsenden Bereitschaft zum Verdachtsjournalismus betrachten – der Neigung, einen Verdacht als erwiesene Tatsache darzustellen.

Publizistische Konflikte

In *Skandalen* besteht nach relativ kurzer Zeit ein breiter Konsens in der Einschätzung der Ursachen der angeprangerten Missstände sowie der Verantwortung der Urheber. Diejenigen, die die Missstände verursacht oder nicht verhindert haben, haben nach allgemeiner Überzeugung aus egoistischen Motiven, aus freien Stücken und in Kenntnis der Folgen gehandelt. Sie sind voll verantwortlich und müssen zur Verantwortung gezogen werden. In Skandalen stehen die Urteile schon nach kurzer Zeit fest. Es geht nur noch darum, wann und wie sie exekutiert werden.

In *publizistischen Konflikten* entsteht eine Auseinandersetzung über die Einschätzung der Ursachen der Missstände und die Verantwortung ihrer Urheber. Ein bemerkenswerter Teil der Beobachter sieht die Missstände als unvermeidbar an oder hält viele Menschen für ihre Urheber, was den Beitrag, der individuellen Menschen zugeschrieben wird, relativiert. Zudem schreibt ein Teil der Beobachter den Urhebern der Missstände positive Motive zu, die die negativen Folgen ihres Handelns in einem milden Licht erscheinen lassen. Deshalb geht es im publizistischen Konflikt vor allem darum, wie das Urteil aussehen soll.

Beispiele für diese beiden Fälle – publizistischer Konflikt und Skandal – sind die Skandalisierungen der Bundespräsidenten Johannes Rau und Christian Wulff wegen ähnlicher Sachverhalte. Nachdem Rau im Jahr 1999 Bundespräsident geworden war, berichteten im Dezember des gleichen Jahres mehrere Medien über die Bezahlung von Dienstreisen des damaligen Ministerpräsidenten durch die WestLB. Das führte zur sogenannten »Flugaffäre«. Im Januar 2000 warf eine Zeugin Rau in dem zwischenzeitlich eingesetzten Untersuchungsausschuss vor, er habe auf Kosten der WestLB Privatreisen unternommen. Anfang Februar berichtete der *SPIEGEL*, die WestLB habe die Kosten in Höhe von 150 000 DM für eine Geburtstagsfeier von Rau mit 1 500 Gästen übernommen. Mitte Februar hieß es im selben Blatt, die WestLB habe Wahlkampfreisen Raus sowie seine Reisen zu SPD-Veranstaltungen finanziert.[2]

Auch die Vorwürfe gegen Wulff betrafen geldwerte Vorteile. Zunächst ging es um den günstigen Kredit für den Kauf seines Hauses von langjährigen Freunden. Es folgten Vorwürfe wegen Urlaubsreisen auf Einladung vermögender Privatleute, wegen der Bevorzugung bei einer Flugreise, wegen Kontakten zu angeblich fragwürdigen Personen sowie wegen der telefonischen Aufforderung an den *BILD*-Chefredakteur zu einem klärenden Gespräch vor einer Veröffentlichung, die man als Drohung verstehen konnte und gezielt so dargestellt wurde.

Angesichts der erheblichen finanziellen Vorteile im Fall Rau und angesichts der Tatsache, dass die Gelder im Unterschied zum Fall Wulff aus einer staatsnahen Quelle stammten, kann man vermuten, dass Raus Verhalten deutlicher skandalisiert wurde als dasjenige Wulffs. Diese Vermutung ist falsch.

---

2   Vgl. Hans Mathias Kepplinger (2017): *Die Mechanismen der Skandalisierung.* Reinbek: Lau-Verlag, S. 184–186

In den Fernsehnachrichten von *ARD, ZDF* und *RTL* sowie in *BILD, SPIEGEL* und *FOCUS* waren 14 Prozent aller Aussagen über Rau negativ. Ihnen standen 8 Prozent positive Aussagen gegenüber. Der Negativ-Saldo für Rau betrug folglich minus 6 Prozentpunkte, womit das Verhältnis nahezu ausgeglichen war. Die Kritik an Rau mündete aus Gründen, die hier vernachlässigt werden müssen, in einen publizistischen Konflikt zwischen ähnlich starken Lagern.

In der Berichterstattung über Wulff waren 41 Prozent der Aussagen über Wulff negativ, 2 Prozent positiv. Der Negativ-Saldo betrug folglich minus 39 Prozentpunkte. Die Kritik an Wulff entwickelte sich aus Gründen, die hier ebenfalls nicht erläutert werden können, zu einem Skandal (Abbildung 1). Die Folgen entsprachen dem, was aufgrund der Meinungsverteilung in den Medien zu erwarten war: Rau hat seine Skandalisierung im Amt überstanden, Wulff nicht.

Abb. 1   Tenor der Berichterstattung über materielle Vorteile der Bundespräsidenten Rau (1999) und Wulff (2011) (in %)

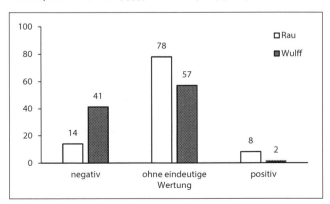

Quelle: MediaTenor. Basis: 186 Beiträge über Rau 1999 und 196 Beiträge über Wulff 2011 in Fernsehnachrichten und in *BILD, SPIEGEL* und *FOCUS*.

Die gegnerischen Lager eines publizistischen Konfliktes bilden sich gelegentlich erst im Lauf der Zeit heraus. Ein Beispiel ist die nach der Vorabveröffentlichung seines Buchs *Schwieriger Aufbruch* entbrannte Diskussion um Manfred Stolpe wegen seiner Verstrickung in das System der DDR. Die Linien in Abbildung 2 visualisieren die Tendenzen in der Berichterstattung. Sie beruhen auf den Ergebnissen einer Inhaltsanalyse von sechs Tageszeitungen und einem Wochenblatt. Aus anfänglich ähnlichen Tendenzen entwickeln sich zwei klar voneinander abgesetzte Meinungslager im positiven und im negativen Bereich.

Abb. 2   Entwicklung der wertenden Berichterstattung über Manfred Stolpe nach der Vorab-Veröffentlichung seines Buches *Schwieriger Aufbruch* (von Januar bis März 1992)

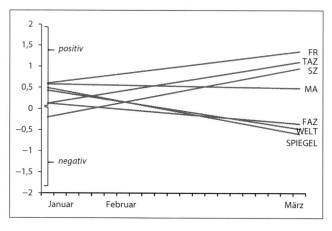

Grafik nach: Kepplinger, Hans Mathias et al. (1993): Am Pranger. Der Fall Späth und der Fall Stolpe. In: Donsbach, Wolfgang et al.: *Beziehungsspiele – Medien und Politik in der öffentlichen Diskussion.* Gütersloh: Verlag Bertelmann Stiftung, S. 159–220.

4. Skandalisierung von Missständen

Missstände lösen, wenn sie allgemein bekannt werden, nicht automatisch Skandale aus. Ein Skandal ist fast immer das Ergebnis einer zielgerichteten Kommunikation. Ausnahmen von der Regel sind menschlich verursachte Missstände, die erkennbar eine persönliche Bedrohung darstellen. Die Skandalisierung von Missständen beruht auf einem mehrstufigen Prozess, der hier dargestellt und erklärt wird.

Die meisten Akteure eines Geschehens erklären ihr problematisches Verhalten in hohem Maße durch die Umstände ihres Handelns – z. B. die verfügbare Zeit, die Zahl und Kompetenz der Mitarbeiter, den Mangel an Alternativen oder deren Risiken. Die meisten Beobachter erklären das gleiche Verhalten durch den Charakter und die Motive der Akteure – z. B. ihren Mangel an Eigeninitiative und Verantwortung, ihren Opportunismus, ihre Orientierung an Eigeninteressen. Das nennt die Forschung den »fundamentalen Attributionsfehler« – die Erklärung problematischer Verhaltensweisen durch Akteure mit den Umständen ihres Handelns und durch Beobachter mit der Persönlichkeit der Akteure.

Dieser Zuschreibungsfehler besitzt mehrere Ursachen. Dazu gehören das Bedürfnis der Akteure, ihre Verantwortung

© Springer Fachmedien Wiesbaden GmbH, ein Teil von Springer Nature 2018
M. Kepplinger, *Medien und Skandale*, Medienwissen kompakt,
https://doi.org/10.1007/978-3-658-21394-7_4

abzuwälzen, sowie das Informationsgefälle zwischen den Akteuren, die die rechtlichen, finanziellen und personellen Rahmenbedingungen ihres Handelns besser kennen als die Beobachter. In den meisten Fällen haben beide recht. Allerdings gewichten sie die verschiedenen Aspekte unterschiedlich.

Wahrnehmung von Missständen

Der fundamentale Attributionsfehler spielt in der Skandalisierung von Missständen eine wichtige Rolle, weil Journalisten berufsmäßige Beobachter sind und deshalb dazu neigen, Verhaltensweisen mit fragwürdigen Folgen durch den Charakter und die Motive der Akteure zu erklären und in ihren Berichten entsprechend darzustellen. Die Akteure des berichteten Geschehens werden dadurch mit Darstellungen konfrontiert, die sich erheblich von ihrer eigenen Sichtweise unterscheiden, weil die Medien genau die Aspekte vernachlässigen, die aus ihrer Sicht besonders wichtig waren – nämlich die Umstände ihres Verhaltens. Der Ärger über diese Darstellungen kann dazu führen, dass die Akteure ihrerseits die Berichterstattung auf den Charakter und die Motive der Journalisten zurückführen.

Eine Feldstudie bestätigt diese Vermutungen. Grundlage ist eine bundesweit repräsentative Befragung von 492 Vertretern gesellschaftlicher Interessengruppen sowie von 122 Journalisten aus 21 Regionen Deutschlands. Beide Gruppen sollten alle ihnen bekannten Missstände angeben und näher charakterisieren. Auf der Grundlage ihrer Aussagen wurden sie entsprechend ihrer jeweiligen Rolle in »Akteure«, in »Beobachter« mit unterschiedlicher Distanz zum Geschehen sowie in »berufsmäßige Beobachter« (Journalisten) unterteilt. Tabelle 1 belegt anhand der Aussage der jeweils involvierten Akteure und der beobachtenden Journalisten den fundamentalen Attributionsfehler beider Seiten. Als Gründe für Missstände in ihrem Bereich nannten die Akteure erwartungsgemäß

Tab. 1 Wahrgenommene Gründe politischer Missstände aus Sicht der Vertreter von Interessengruppen und von externen Beobachtern (Journalisten) (in %

	Vertreter der	
	Interessengruppen (n = 325)	Journalisten (n = 115)
Gründe der Missstände		
Fehlentscheidungen	35	17
Fehlentwicklungen	15	2
Eigennutz	7	32
Kriminelles, sittenwidriges Verhalten	3	16
Verfahrensmängel	9	15

Quelle: Kepplinger, Hans Mathias et al. (2002): *Alltägliche Skandale. Eine repräsentative Analyse regionaler Fälle.* Konstanz: UVK, S. 54. Dazu auch die Tabelle S. 55.

vor allem strukturelle Gründe – also die Umstände ihres Handelns –, die berufsmäßigen Beobachter dagegen vor allem personale Gründe – also den Charakter und die Motive der Handelnden.

Skandalisierung von Missständen

Skandalisierungen folgen einem typischen Schema. Es enthält in der Regel folgende Behauptungen:

- Eine Person oder Organisation hat einen materiellen oder immateriellen Schaden verursacht (personale Ursache).
- Der Schaden ist groß oder sehr groß (Schaden).

- Der Verursacher hat in Kenntnis der Folgen gehandelt (Wissen um Folgen).
- Er hatte negative Absichten (Motive).
- Er hätte auch anders handeln und den Schaden dadurch vermeiden können (Handlungsfreiheit/Willkür).

Aus dem Zusammenspiel der Behauptungen folgern die meisten Mediennutzer (auch dann, wenn das nicht explizit behauptet wird), der Skandalisierte habe den Missstand nicht nur verursacht, sondern sich im moralischen Sinn schuldig gemacht. Hinzu kommt die Forderung nach seiner Bestrafung (vgl. Kapitel 7).

Das muss allerdings nicht immer so sein. Ein Beispiel für unterschiedliche Schemabildungen bei vergleichbaren Anlässen ist die Berichterstattung nach dem Abschuss zweier Verkehrsflugzeuge, bei denen jeweils etwa 300 Menschen ums Leben kamen. Im ersten Fall handelte es sich um ein koreanisches Verkehrsflugzeug, das von einem sowjetischen Kampfjet abgeschossen wurde (1. September 1983), im zweiten Fall um ein iranisches Verkehrsflugzeug, das von einem amerikanischen Marschflugkörper abgeschossen wurde (3. Juli 1988). Die Nachrichtenmagazine *Time* und *Newsweek* vermittelten nach dem Abschuss des koreanischen Verkehrsflugzeugs durch Fotomontagen den Eindruck, die sowjetische Maschine sei dem koreanischen Verkehrsflugzeug so nahe gewesen, dass der Pilot genau erkennen konnte, welches Flugzeug er vor sich hatte. Beide Blätter verstärkten diesen Eindruck in ihren Innenteilen durch grafische Rekonstruktionen. In ihren Textbeiträgen charakterisierten sie den Abschuss als Angriff und gingen ausführlich auf die Opfer ein.

Nach dem Abschuss des iranischen Verkehrsflugzeugs durch einen US-amerikanischen Marschflugkörper vermittelte *Newsweek* auf seiner Titelseite mit dem Foto einer startenden Rakete den Eindruck, dass sie zu einem unbekannten Ziel jenseits der Bildgrenzen flog. *Time* erwähnte den Abschuss auf seiner Titelseite nur am Rande. Beide Blätter zeigten in ihren Innenteilen anhand von Grafiken und Fotos amerikanische Soldaten vor komplexen Geräten und charakterisierten in ihren Textbeiträgen den Abschuss als eine Tragödie. Auf die Opfer in dem abgeschossenen Flugzeug gingen sie kaum ein.

Die Nachrichtenmagazine, die hier exemplarisch für mehrere andere amerikanische Medien stehen, haben in ihrer Berichterstattung über den Abschuss des koreanischen Verkehrsflugzeugs ein skandaltypisches Täter-Schema präsentiert und entsprechende Interpretationen des Geschehens durch ihre Leser vorbereitet: Der Kampfpilot wusste, was er tat, und ist deshalb für seine Tat voll verantwortlich. Dieser Eindruck wurde durch Emotionen verstärkt, die Spekulationen über die Opfer seines Verhaltens hervorriefen.

In ihrer Berichterstattung über den Abschuss eines iranischen Verkehrsflugzeugs haben die Magazine dagegen ein Opfer-Schema präsentiert und eine dem entsprechende Interpretation des Geschehens vorbereitet: Die Marinesoldaten wussten nicht, welches Flugzeug sie vor sich hatten, sondern wurden selbst Opfer komplexer technischer Zusammenhänge. Dieser Eindruck wurde durch Emotionen, die Spekulationen über die Opfer ihres Irrtums hätten auslösen können, kaum gestört, weil die Opfer nur am Rande erwähnt wurden.

Schemagerecht interpretierte Tatsachen werden oft in einen passenden Kontext eingebunden – z. B. die Behauptung, der Beschuldigte habe auch früher schon so gehandelt; sein Handeln sei einzigartig und falle völlig aus dem Rahmen; seine negativen Motive seien Ausdruck eines fragwürdigen Charakters. Nach Beginn einer längeren Skandalisierung wird häufig behauptet, Freunde und Kollegen würden sich von dem Skandalisierten distanzieren und er sei zunehmend isoliert. Das belegt man mit Stimmen aus dem Kritikerlager, vorzugsweise aber aus dem Lager des Skandalisierten selbst, weil sie hierfür als besonders glaubwürdig gelten.

Die ersten Berichte enthalten meist viele der erwähnten

Behauptungen, die darauffolgenden wiederholen oft nur einige davon, denn schon der Name des Skandalisierten oder ein Skandaletikett wie »Amigo-Affäre« ruft den Lesern, Hörern oder Zuschauern frühere Behauptungen in Erinnerung.

Schemata oder »Frames« (also die Rahmung von Berichten) besitzen vor allem am Beginn der Berichterstattung einen erheblichen Einfluss. Die Ergebnisse eines Experiments präzisieren diesen Wirkungsprozess. Ein zurückhaltender Bericht über staatsanwaltschaftliche Ermittlungen gegen den Geschäftsführer eines fiktiven Automobilzulieferers wegen »Unregelmäßigkeiten« führt zu einem ähnlichen Ausmaß an Vorverurteilungen durch die Leser wie ein anprangernder Bericht. Wird der Geschäftsführer allerdings entlastet und nicht weiter gegen ihn ermittelt, dann halten die Leser des zurückhaltenden Berichts den Geschäftsführer eher für rehabilitiert als die Leser der anprangernden Version. An der Vorverurteilung durch die Leser beider Artikelversionen ändern frühe öffentliche Reaktionen der Betroffenen nichts. Vielmehr können sie bei Lesern des zurückhaltenden Berichts den Verdacht gegen den Geschäftsführer sogar verstärken. Trotz Rehabilitation und Entlastung des Geschäftsführers bleiben allen Lesern Zweifel an seiner Unschuld. Diese und eine Reihe weiterer Ergebnisse legen die Folgerung nahe, dass auch zurückhaltend formulierte Berichte über Verdachtsmomente bei den Lesern spontan einen Verdacht wecken, den die Verdächtigten im weiteren Geschehen kaum beeinflussen können.

Ein wesentliches Mittel, Schemata zu verstärken, ist die Dramatisierung von Missständen durch plakative Übertreibungen.[3] Das betrifft z.B. das Handeln von Politikern, materielle Schäden oder gesundheitliche Risiken. Urheber solcher Dramatisierungen sind Akteure im journalistischen Vorfeld

---

3   Vgl. Hans Mathias Kepplinger (2017): *Die Mechanismen der Skandalisierung.* Reinbek: Lau-Verlag, S. 66–67.

– wie Konkurrenten, NGOs, Geschädigte – und Journalisten
selbst. Sieben Dramatisierungsmittel sind erkennbar:

1. *Horror-Etiketten:* Missstände oder Schäden werden mit ex-
   tremen Begriffen bezeichnet (»Giftregen«, »Killerbakterien«, »Katastrophe«, »Desaster«, »Super-GAU«, »Pande-
   mie«, »Killer-Wurst«).
2. *Verbrechensassoziationen:* Normverletzungen werden als
   schwere Kriminalität oder als schwere Verstöße gegen allgemeine ethische Grundsätze charakterisiert (»Lausch-
   angriff«, »Verfassungsbruch«, »Wasserdiebstahl«, »Killer«,
   »Komaschläger«).
3. *Schmähungen:* Sie bilden im Fall politischer und kirchli-
   cher Skandale (»Amigo«, »Protzbischof«) das Pendant zu
   Horror-Etiketten und Verbrechensassoziationen in Indus-
   trie- und Umweltskandalen (»Ekel-Bäcker«).
4. *Katastrophen-Suggestionen:* Mögliche Maximalschäden
   werden als aktuelle Gefahr präsentiert, ihre tatsächliche
   Unwahrscheinlichkeit aber ausgeblendet (BSE, Vogelgrippe, Fukushima).
5. *Katastrophen-Collagen:* Missstände und Schäden werden in
   eine Reihe mit Extremfällen gestellt, wie in folgendem Beispiel aus *SPIEGEL-TV:* »Nach dem unheimlichen Angriff
   der Aidsviren, des Rinderwahnsinns und der Schweinepest
   formieren sich nun die Killerbakterien zum finalen Schlag
   gegen die Menschheit.«
6. *Serielle Skandalisierungen:* Kleinere Normverletzungen,
   die kaum Beachtung finden würden, werden als Teil einer
   Serie ähnlicher Fälle dargestellt, die den Eindruck eines
   großen Missstands hervorrufen (Kurt Biedenkopf: Gäste-
   haus-, Koch-, Gärtner-, Putzfrauen-, Yacht-Affäre; Rudolf
   Scharping: Pool-, Flugbereitschafts-, PR-Affäre).
7. *Optische Übertreibungen:* Missstände, Schäden und Normverletzungen werden durch Fotos oder Filme als besonders
   schwerwiegend, gefährlich oder beängstigend dargestellt.

Ein Beispiel ist die exzessive Darstellung von Schlachthofszenen bei der Skandalisierung von BSE.

70 Prozent der Journalisten sind überzeugt, dass Übertreibungen zur Verhinderung oder Beseitigung von Missständen – und darum geht es bei ihrer Skandalisierung – vertretbar sind. Je größer der Missstand erscheint, desto größer ist der Nachrichtenwert. Die Akzeptanz von Übertreibungen im Journalismus hängt folglich davon ab, ob es den Wortführern eines Skandals gelingt, den Schaden möglichst groß erscheinen zu lassen. Je besser ihnen dies gelingt, desto eher brechen die Dämme, die normalerweise eine Vorverurteilung verhindern.

Skandalisierende Darstellung von Missständen

Die spezifischen Sichtweisen der journalistischen Beobachter prägen ihre Berichterstattung, weil sie die Realität so darstellen, wie sie sie sehen. Das zeigt eine systematische Inhaltsanalyse der Berichterstattung über Missstände. Ermittelt wurden die von den Journalisten genannten Ursachen oder Gründe der Missstände. Grundlage der folgenden Darstellung sind 2 828 Beiträge in 2 527 Artikeln über 11 nicht skandalisierte, 22 erfolglos skandalisierte und 15 erfolgreich skandalisierte Missstände. Über erfolglos skandalisierte Missstände erschienen 401 Beiträge – also etwa 18 Berichte pro Missstand –, über die erfolgreich skandalisierten 282 Beiträge – also etwa 19 pro Missstand.

Als Ergebnis kann man feststellen: Ein wesentlicher Unterschied zwischen nicht skandalisierten und skandalisierten Missständen liegt in der Menge der Berichte. Tabelle 2 weist im Kopf die Zahl der Beiträge insgesamt aus, die Werte in den Zellen beziffern die durchschnittliche Zahl der Beiträge pro Missstand mit Aussagen über die Ursachen der Missstände.

Tab. 2   Darstellung nicht skandalisierter, erfolglos skandalisierter und erfolgreich skandalisierter Missstände (Durchschnittliche Anzahl der Beiträge pro Missstand)

	Art der Missstände		
	Nicht skandalisiert (n = 111)	Erfolglos skandalisiert (n = 1 433)	Erfolgreich skandalisiert (n = 1 284)
Verursacher			
Missstand ist Folge schuldhaften Versagens	5,2	34,5	51,3
Verursacher kannten die Folgen ihres Verhaltens	0,6	10,4	12,0
Verursacher hätten den Schaden vermeiden können	1,5	10,4	19,7
Verursacher hatten niedere Ziele/Motive	0,8	7,8	10,3

Quelle: Kepplinger, Hans Mathias et al. (2002): *Alltägliche Skandale. Eine repräsentative Analyse regionaler Fälle.* Konstanz: UVK, S. 130.

So bedeutet z. B. der Wert 5,2 in der ersten Zeile, dass über jeden nicht skandalisierten Missstand durchschnittlich 5,2 Beiträge erschienen sind, die den Missstand auf ein schuldhaftes Versagen zurückführen; über jeden erfolgreich skandalisierten Missstand erschienen durchschnittlich 51,3 Beiträge.

Wie wichtig die Schemabildung für erfolgreiche Skandalisierungen ist, zeigen auch zwei Hauptergebnisse einer systematischen Inhaltsanalyse mehrerer Skandalisierungen in der Region Köln. Dabei ging es um sogenannte Nachrichtenfaktoren, also Ereignismerkmale, die dazu beitragen können, dass Journalisten ein Ereignis auswählen und darüber berichten. Grundlage war ein traditioneller Katalog von Nachrichtenfaktoren, ergänzt durch einen Katalog skandaltypischer Nachrichtenfaktoren. Während traditionelle Nachrichtenfaktoren (also zum Beispiel Prominenz oder Aktualität) nur einen geringen Beitrag zur Erklärung des Umfangs der Berichterstattung leisteten, ließ sich der Umfang der Berichterstattung vergleichsweise gut mit skandaltypischen Nachrichtenfaktoren (z. B. der Weigerung eines Akteurs, zu Vorwürfen Stellung zu beziehen) erklären.

5. Etablierung und Verlauf von Skandalisierungen

Die Skandalisierung eines Missstandes durch Konkurrenten, politische Gegner, Geschädigte usw. ist nur der erste Schritt zur Etablierung eines Skandals. Ein Skandal wird daraus nur dann, wenn hinreichend viele Journalisten bei einflussreichen Medien die relevanten Sichtweisen übernehmen und ausbauen. Die Komplexität des daraus entstehenden Skandals und die Dauer seines Verlaufs hängen von mehreren Faktoren ab. Dazu gehören auch mehrere medieninterne Gründe.

In den meisten Fällen sieht man nur die Journalisten, die berechtigte, überzogene oder verfehlte Vorwürfe gegen Personen oder Organisationen in die Öffentlichkeit tragen. Dadurch entsteht ein verzerrter Eindruck, weil man die Informanten im Hintergrund einer Skandalisierung übersieht und die Bedeutung einzelner Typen von Journalisten falsch einschätzt. Deshalb muss man die Akteure im Hintergrund von den öffentlich sichtbaren Journalisten unterscheiden und innerhalb des Journalismus Journalisten in unterschiedlichen Rollen differenzieren. So hatten vor der Skandalisierung der geplanten Versenkung des schwimmenden Öltanks Brent Spar Greenpeace-Aktivisten Journalisten in Deutschland über

© Springer Fachmedien Wiesbaden GmbH, ein Teil von Springer Nature 2018
M. Kepplinger, *Medien und Skandale*, Medienwissen kompakt,
https://doi.org/10.1007/978-3-658-21394-7_5

einen langen Zeitraum hinweg »bearbeitet«. Die Skandalisierung von Müller-Milch war die Folge von Informationen eines Konkurrenten, der sich durch eine legale Umgehung der Pfandverordnung durch Müller-Milch benachteiligt sah. Die Skandalisierung des Bundesbankpräsidenten Ernst Welteke wegen seiner Übernachtung mit Frau und Sohn im Berliner Hotel Adlon auf Kosten der Dresdner Bank war die Folge mehrerer anonymer Schreiben an den *SPIEGEL*.

Informanten

Informanten gehen häufig strategisch vor: Sie planen den schrittweisen Aufbau ihrer Anklagen und entwickeln schlagkräftige Etiketten. Scheitert ihr erster Skandalisierungsversuch am Desinteresse der Medien oder des Publikums, lassen sie sich davon kaum entmutigen. Stattdessen suchen sie nach erfolgreicheren Schlagworten, Argumenten und Strategien. Dabei haben sie nicht selten Erfolg – wie erst im zweiten und dritten Anlauf erfolgreiche Skandalisierungen belegen.

Informanten sind meist zutiefst von der sachlichen Richtigkeit und moralischen Notwendigkeit ihres Engagements überzeugt. Sie betrachten ihre Aktivität selbst dann als Dienst an der Sache, wenn sie auch oder überwiegend im Eigeninteresse handeln – ihrem Interesse an Erfolgen bei Wahlen (Parteien), der Verbesserung ihrer Marktchancen (Unternehmen), der Erhöhung von Spendeneinnahmen (NGOs). Ein erfolgversprechendes Mittel, diese Ziele zu erreichen, ist die Skandalisierung von Gegnern und ihren Produkten.

Erfolgreich ist das Vorgehen vor allem dann, wenn es tatsächlich oder vermeintlich im Interesse höherer Ziele geschieht – z. B. der Gerechtigkeit, der Natur, der Menschlichkeit. Deshalb muss man die offen erkennbaren Funktionen von Skandalisierungen von ihren nicht offen sichtbaren Funktionen unterscheiden. So hatten nach Einschätzung zahlrei-

cher Journalisten und anderer Insider die Informanten hinter
den Skandalisierungen der ehemaligen Ministerpräsidenten Manfred Stolpe und Lothar Späth ein breites Spektrum
lauterer und unlauterer Motive. Dazu gehörten neben einem
Interesse an der Wahrheit u. a. Machtbedürfnis, Rache und
Neid, sowie – seit einige Medien Informanten für Informationen bezahlen – Geldgier. Das gilt vor allem für Informanten, die im Vertrauen auf den Informantenschutz ihr Wissen
ohne großes Risiko vermarkten können. Das dürfte nicht nur
auf Mitarbeiter von Banken zutreffen, die CDs mit steuerlich
relevanten Daten ihrer Kunden verkaufen.

Ohne Informantenschutz in Kombination mit dem Re-
daktionsgeheimnis würden vermutlich viele Missstände nicht
aufgedeckt und skandalisiert werden. Deshalb dient beides
der Wahrheitsfindung. Allerdings wird sie dadurch auch ge-
fährdet, weil finanzielle Erwartungen zur übertriebenen Darstellungen von Erlebnissen oder Beobachtungen einladen.
Darüber hinaus können sie, wie vor allem der Skandal um die
angeblichen Hitler-Tagebücher zeigt, auch eine Einladung an
Betrüger sein, die die Spielregeln kennen.

Journalisten

Im Journalismus selbst gibt es in fast allen Skandalen nur wenige Wortführer, viele Mitläufer, noch mehr Chronisten und
wenige Skeptiker:

- Die *Wortführer* recherchieren meist intensiv, bevor sie an
  die Öffentlichkeit gehen. Sie glauben an die Schuld der
  Skandalisierten und ihre eigene Mission. Sie interpretieren
  ihre Informationen entsprechend und nutzen rücksichtslos
  jede Chance. Wortführer sind meist nur drei bis fünf Journalisten, und ihr Erfolg hängt deshalb von den Mitläufern
  und Chronisten ab. Nur wenn sie die Vorgaben der Wort-

führer aufgreifen und weiterspinnen, wird aus einem Skandalisierungsversuch ein Skandal.

- Die Masse der *Mitläufer* stützt sich auf ihre kundigen Kollegen und reichert bekannte Informationen mit marginalen Details und passenden Spekulationen an.

- Die Heerschar der *Chronisten* bringt keine eigenen Wertungen ein, verleiht aber durch die Masse ihrer neutralen Berichte den Vorwürfen Glaubwürdigkeit und Gewicht.

- Die *Skeptiker* stellen die dominierende Sichtweise in Frage, lösen bei ihren Kollegen aber keine nennenswerte Resonanz aus. Trotzdem sind sie wichtig, weil sie eine Voraussetzung für die unabhängige Meinungsbildung eines Teils der Leser, Hörer und Zuschauer sind. Die Skeptiker findet man nicht nur, aber am ehesten, in ausländischen Medien, die nicht in den Sog der Skandalisierung der heimischen Medien geraten sind.

In Skandalen sehen sich viele Betroffene einer Masse von Journalisten gegenüber, die sie geschlossen anprangern. Dieser Eindruck ist jedoch aus den bereits genannten Gründen nicht korrekt. Die große Bedeutung einzelner Journalisten zeigt sich nicht nur in ihrer Rolle als Stichwortgeber und Antreiber. Sie schlägt sich auch in dem Anteil einiger weniger Journalisten an der Masse der skandalisierenden Beiträge nieder. So stammten im Fall der Skandalisierung der »Störfallserie« der Hoechst AG im Jahr 1993 über 40 Prozent von 656 namentlich gezeichneten Artikeln von nur 10 Journalisten, darunter neben einigen Wortführern auch Mitläufer und Chronisten. Diese 10 Journalisten haben im Wesentlichen die Berichterstattung am Leben erhalten, indem sie bereits bekannte Sachverhalte erneut aufgriffen und neue Sachverhalte schemagerecht in die Diskussion einbrachten (Abbildung 3).

Abb. 3   Bedeutung einzelner Journalisten für eine Skandalisierung am Beispiel der »Störfallserie« der Hoechst AG im Jahr 1993

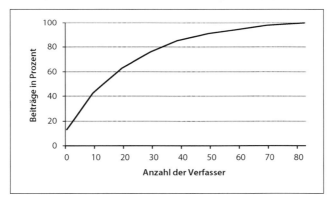

Basis: 656 Beiträge von 82 namentlich genannten Verfassern.

Quelle: Kepplinger, Hans Mathias/Uwe Hartung (1995): *Störfall-Fieber. Wie ein Unfall zum Schlüsselereignis einer Unfallserie wird.* Freiburg i. Br.: Verlag Karl Alber, S. 47.

Verlauf

Typisch für Skandale ist ihr scheinbar plötzlicher Ausbruch, verbunden mit einem schnellen Anstieg der Zahl der Medienberichte bis zu einem Höhepunkt – und der ähnlich schnelle Verfall der Berichterstattung. Im Anschluss daran folgen oft lange Ketten einzelner Beiträge, die kaum Beachtung finden. Das ist meist auch denn der Fall, wenn sie überraschende und sachlich wichtige Informationen enthalten.

Aufgrund des wiederkehrenden Verlaufsmusters kann man nachträglich vier Phasen von Skandalen identifizieren – ihre Latenzphase, ihre Aufschwungphase, ihren Höhe- oder Wendepunkt, ihre Abschwungphase und ihre Rehabilitationsphase. Phaseneinteilungen wie diese sind hilfreich für die Beschreibung des Ablaufs von Skandalen. Eine Alternative sind Typologien, die auf sachlichen Gesichtspunkten basieren. Ihre Grundlage bildet die Unterscheidung von Missständen, Skandalisierungen, Kommunikationsmustern und Skandalisierungsfolgen (vgl. Abbildung 4). Auch hierbei handelt es sich um nachträgliche Klassifikationen, die keine Erklärungen im strengen Sinn liefern, sondern unterschiedliche Verläufe plausibel machen und Annahmen für empirische Untersuchungen nahelegen.

In vielen Skandalen folgen auf den zentralen Vorwurf, den »Kernmissstand«, weitere Vorwürfe: Sie betreffen die Ursachen, Begleitumstände und Folgen des bereits thematisierten Kernmissstands, jedoch auch Ereignisse, die sachlich nichts miteinander zu tun haben, aber durch die Art der Vorwürfe – das etablierte Schema – zusammengehalten werden und alle anderen Ereignisse im gleichen Licht erscheinen lassen. Im Falle der Skandalisierung Christian Wulffs war der Kernmissstand die Finanzierung seines Hauses. Sie bildete das Rückgrat der schemagerechten Berichterstattung über andere Sachverhalte, die damit nichts zu tun hatten, z. B. mehrere Reisen, der Kauf eines Autos, Konzertbesuche. Im Fall der Skandalisierung von Bischof Tebartz-van Elst war der Kernmissstand die Höhe der Ausgaben für seine Privatwohnung. Sie bildete das Rückgrat für die schemagerechte Berichterstattung über die schon lange vor seinem Amtsantritt geplante Renovierung des gesamten Bischofssitzes, für die Anschaffung eines neuen Dienstwagens und eine Reise nach Indien.

Ein differenziert analysierter Fall ist die Skandalisierung der »Störfallserie« auf dem Gelände der Hoechst AG 1993. Ausgelöst wurde sie von der schemabildenden Berichterstattung über den Austritt von Ortho-Nitroanisol über ein Sicherheitsventil. Es folgten schemagerechte Berichte über den Austritt geringer Mengen Chlordioxid, die Verletzung eines Elektrikers, den Austritt geringer Mengen Oleum, den Brand in einem Stromaggregat, eine Ölverschmutzung im Main,

Abb. 4 Missstand, Skandalisierung und Folgen

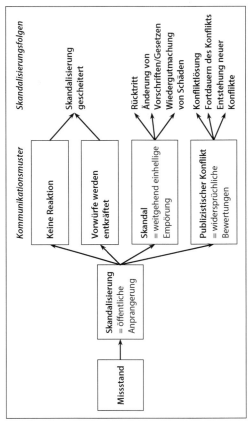

Quelle: Kepplinger, Hans Mathias et al. (2002): *Alltägliche Skandale. Eine repräsentative Analyse regionaler Fälle.* Konstanz: UVK, S. 86.

den Brand in einer Lagerhalle, den Austritt von Farbstoffen usw. Darüber hätten die Medien normalerweise kaum berichtet. Zusammengehalten wurden die heterogenen Ereignisse in der Berichterstattung durch das etablierte Schema aus vier verbundenen Vorwürfen: Inkompetenz, Inhumanität, Unterschätzung der Gefahren, Kommunikationsmängel. Deshalb vermittelte die Berichterstattung mehrere Wochen lang den Eindruck, als gehe es um einen riesigen Problemkomplex, dessen Ursache in Kompetenz- und Charaktermängel der Skandalisierten lägen.[4]

Medieninterne Berichtsursachen

Meinungen von Journalisten. Die redaktionellen Linien der Medien und die Einstellungen und Meinungen der Journalisten besitzen einen Einfluss auf den Grad der Skandalisierung von Missständen.[5] Das schlägt sich in der Gewichtung des Themas nieder, vor allem aber in der Tendenz der Berichte und Kommentare. Beispiele sind der CDU-Spendenskandal und der Skandal um die Dissertation Karl Theodor zu Guttenbergs: Je weiter links überregionale Tageszeitungen im publizistischen Spektrum platziert waren, desto intensiver stellten sie die illegalen Spenden an Helmut Kohl als moralisch fragwürdigen Betrug der Öffentlichkeit und der Wähler dar – als gesamtgesellschaftlich relevante Sachverhalte. Je weiter rechts sie waren, desto eher betonten sie eine Schädigung der eigenen Partei – als Problem der CDU. Je weiter links überregionale Tageszeitungen waren, desto stärker prangerten sie zu Guttenberg in ihren Nachrichten und Berichten als Plagiator

4   Hans Mathias Kepplinger & Uwe Hartung (1995): *Störfall-Fieber. Wie ein Unfall zum Schlüsselereignis einer Unfallserie wird.* Freiburg i. Br.: Karl Alber, S. 20.
5   Vgl. Hans Mathias Kepplinger (2017): *Die Mechanismen der Skandalisierung.* Reinbek: Lau-Verlag, S. 85–94.

an. Im Extremfall handelte es sich um fast 100 Prozent der Beiträge. Je weiter rechts sie waren, desto weniger war das der Fall. Allerdings wurde zu Guttenbergs Verhalten auch dort in mindestens jedem zweiten Beitrag angeprangert.

Die gleichen Zusammenhänge bestehen bei der Skandalisierung anderer Themen. Beispiele sind die Skandalisierung der Castor-Transporte und der Kernenergie nach Fukushima: Je negativer sich im Jahr 1997 Journalisten verschiedener Medien über einen Castor-Transport äußerten, desto eher ließen sie Personen zu Wort kommen, die ähnlich dachten wie sie. Je negativer sie sich im Jahr 2011 nach der Reaktorkatarstrophe in Japan über die Kernenergie äußerten, desto eher ließen sie Kritiker der Kernenergie zu Wort kommen und stellten die Katastrophe als typisch für die Risiken der Kernenergie dar.

Die »instrumentelle Aktualisierung« von Fakten und Meinungen, die die Sichtweisen der Journalisten stützen oder der redaktionellen Linie ihrer Medien entsprechen, ist – wie schon die Berichterstattung über den Abschuss zweier Verkehrsflugzeuge durch einen russischen Düsenjäger und einen amerikanischen Marschflugkörper vermuten lässt – kein spezifisch deutsches Phänomen. Das belegt eine empirische Untersuchung der Berichterstattung amerikanischer Zeitungen von 2001 bis 2007 über 32 Skandale. Zeitungen, die den Demokraten nahestanden, berichteten über Skandale, in die Politiker der Republikaner verwickelt waren, intensiver als über Skandale, die Politiker der Demokraten betrafen. Zeitungen, die den Republikanern nahestanden, verfuhren tendenziell umgekehrt und konzentrierten sich auf Skandale demokratischer Politiker. Dabei orientierten sie sich entgegen den Erwartungen nicht an der Parteineigung ihrer Leser. Sie folgten vielmehr auch dann ihrer eigenen Neigung, wenn das der Parteineigung eines bemerkenswerten Teils ihrer Leser widersprach.

Grenzüberschreitungen. Die meisten Journalisten lehnen fragwürdige Skandalisierungspraktiken ab. Das zeigt eine repräsentative Befragung von Zeitungsredakteuren. Sie beurteilten solche Praktiken anhand fünf realer Vorfälle. Dabei handelte es sich um den angeblichen Hitler-Putin-Vergleich von Finanzminister Wolfgang Schäuble, die irreführende Darstellung von Gewalt im Umfeld von Pegida-Kundgebungen, die irreführende Verkürzung der Aussagen des Bischofs Tebartz-van Elst zur Finanzierung seines Indienflugs, die fragwürdige Verallgemeinerung der Risiken der Kernenergie nach der Katastrophe in Japan sowie die irreführende Darstellung der zentralen Argumente der Schriftstellerin Sibylle Lewitscharoff in ihrer Dresdner Rede über Leben und Sterben. Anhand ihrer Urteile über die Fälle, die mit einer 5stufigen Skala ermittelt wurden, kann man 45 Prozent der Journalisten als mehr oder weniger entschiedene Gegner fragwürdiger Skandalisierungen betrachten. Die Mitte des Spektrums bilden 41 Prozent »Indifferente« – sie fanden die fragwürdigen Skandalisierungen zwar nicht akzeptabel, verurteilten sie aber auch nicht. Das andere Ende des Spektrums bilden 14 Prozent mehr oder weniger entschiedene Befürworter fragwürdiger Skandalisierungen (Abbildung 5).

Die relative Mehrheit der Journalisten lehnt es zwar ab, bei Skandalisierungen Berufsnormen zu verletzen. Die vergleichsweise kleine Minderheit der Befürworter solcher Praktiken ist allerdings von vielen indifferenten Kollegen umgeben, die sie in einigen Fällen mehr oder weniger akzeptabel finden. Zudem rechtfertigen etwa 40 Prozent der erklärten Gegner die fragwürdigen Praktiken, indem sie sich mindestens eines von drei Argumenten dafür zu eigen machen. Hinzu kommen etwa 10 Prozent, die zwei unterstützende Argumente für richtig halten. So isoliert, wie man meinen könnte, ist die kleine Minderheit der Befürworter fragwürdiger Skandalisierungspraktiken folglich nicht. Eine gewisse Sympathie dafür reicht weit in den Kollegenkreis hinein und hält das berufliche Risiko im Fall von Verstößen gegen Berufsnormen in überschaubaren Grenzen.

Abb. 5   Befürworter und Gegner fragwürdiger Skandalisierungen (in %)

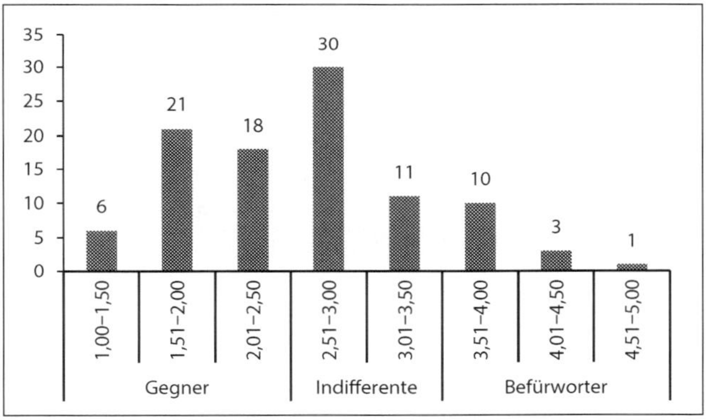

Quelle: Kepplinger, Hans Mathias (2017): *Totschweigen und Skandalisieren. Was Journalisten über ihre eigenen Fehler Denken.* Köln: Herbert von Halem Verlag, S. 177.

Wandel der Berufsauffassung. Die Meinungen und Einstellungen der Journalisten haben sich vor allem aufgrund des Generationswechsels in den Redaktionen geändert. Junge Kollegen mit abweichenden Überzeugungen sind in die Redaktionen eingetreten. Dadurch haben sich die dort verbreiteten Sichtweisen geändert. Zudem hat ein Teil der älteren Kollegen die Sichtweisen der jungen Kollegen ganz oder teilweise übernommen. Die normalerweise gleitenden Veränderungen wurden in den 1970er-Jahren durch den Berufseintritt zahlreicher Journalisten beschleunigt, deren Sichtweisen von der Studentenbewegung geprägt waren.

Die Veränderungen der Berufsauffassungen von Journalisten kann man als eine Ursache der wachsenden Zahl der Skandalisierung von Missständen betrachten. So billigten im Jahr 1989 in der »Großvätergeneration« 24 Prozent skandalrelevante Geldzahlungen zur Beschaffung »vertraulicher Unterlagen« – in der Enkelgeneration waren es 59 Prozent. In der »Großvätergeneration« billigten 49 Prozent verdeckte Recherchen in Unternehmen, »um an interne Informationen zu kommen« – in der »Enkelgeneration« waren es 78 Prozent. Der Wandel manifestierte sich auch in skandalrelevanten Publikationspraktiken. So billigten in der »Großvätergeneration« 41 Prozent die Veröffentlichung »streng geheimer Regierungspläne für außenpolitische Verhandlungen«, in der »Enkelgeneration« waren es 66 Prozent. Was früher die meisten Journalisten als Grenzüberschreitungen betrachtet hatten, erschien nun zunehmend akzeptabel (Tabelle 3).

Neben legitimen Motiven von Journalisten und Medien dürften Skandalisierungen auch andere Gründe haben. Dazu zählen immaterielle und materielle Vorteile. Durch die erfolgreiche Skandalisierung eines Missstands können Medien ihr Image unter Journalisten und ihren Lesern, Hörern und Zuschauern verbessern. Zudem kann sie sich positiv auf den Zeitungs- und Zeitschriftenabsatz und die Reichweite von Hörfunk- und Fernsehprogrammen sowie von Internetangeboten auswirken: »Ein guter Skandal ist für die Zeitung, die ihn aufdeckt oder auch nur glaubhaft konstruiert, eine Goldader.«[6] Journalisten können sich durch die erfolgreiche Skandalisierung eines Missstands einen Namen machen und im Kollegenkreis und in der Öffentlichkeit Ansehen gewinnen. Ein Beispiel ist die Etablierung des *SPIEGEL* als Leitmedium in den 1960er-Jahren, ein anderes Beispiel ist die Profilierung des Feuilletons der *Frankfurter Allgemeinen Zeitung* durch zahlreiche Skandalisierungen. In beiden Fällen gab es auch andere Gründe, die die Bedeutung der Skandale aber nicht mindern. Das trifft in ähnlicher Weise auf das Ansehen von Rechercheuren und Großinterpreten unter den erfolgreicher

---

6   Christian Schütze (1985): *Skandal. Eine Psychologie des Unerhörten.* Bern: Scherz. Hier: S. 21.

Tab. 3 Billigung fragwürdiger Recherche- und Publikationspraktiken durch Journalisten (in %)

	Großväter (Jahrgänge 1909–35) (n = 168)	Väter (Jahrgänge 1936–50) (n = 162)	Enkel (Jahrgänge 1951–61) (n = 161)	Alle (n = 491)
Sich als Mitarbeiter in einem Betrieb betätigen, um an interne Informationen zu kommen	49	53	78	60
Sich durch Geldzuwendungen vertrauliche Unterlagen beschaffen	24	40	59	41
Geheime Dokumente veröffentlichen, deren Bekanntmachung … den Interessen der BRD schadet	55	75	83	71
Streng geheime Regierungspläne für außenpolitische Verhandlungen veröffentlichen	41	55	66	54

Quelle: Ehmig, Simone Christine (2000): *Generationswechsel im deutschen Journalismus. Zum Einfluss historischer Ereignisse auf das journalistische Selbstverständnis*. Freiburg i. Br.: Verlag Karl Alber, S. 152, 161.

Skandalisierern zu – Hans Leyendecker, Frank Schirrmacher und andere.

Skandalisierungsstrategien. Die meisten Skandalisierungen dauern ungefähr zwei bis drei Wochen. Ist das Ziel – z. B. ein Rücktritt, eine Anklage, der Rückruf eines Produkts, der Verzicht auf den Transport eines Schadstoffs – nicht erreicht, lässt die Intensität der Berichterstattung wegen des schwindenden Interesses der Bevölkerung schnell nach. Diesen Verlauf nehmen auch große Skandale wie jene um die Spenden an die CDU und um Christian Wulff wegen seines Privatlebens – falls sie nicht durch sensationelle oder sensationell erscheinende Informationen erneut angeheizt werden. Das geschah im CDU-Spendenskandal durch Angela Merkel, die sich im Zusammenwirken mit einem Journalisten am 22. Dezember 2000 in der *Frankfurter Allgemeinen Zeitung* an die Spitze der Kohl-Kritiker setzte. Im Wulff-Skandal geschah es durch die Veröffentlichung des lange zurückgehaltenen »Droh-Anrufs« von Wulff beim Chefredakteur der *BILD*.

Da auch nach dem aufsehenerregenden Auftakt einer Skandalisierung das Interesse der Kollegen und des Publikums schon nach wenigen Tagen nachlässt, publizieren erfahrene Skandalisierer ihre Verdächtigungen nicht auf einen Schlag, sondern »portionieren« ihre Informationen und schieben im Abstand von einigen Tagen Informationen nach. Die neuen Berichte lassen die Vorwürfe berechtigt erscheinen und motivieren zögerliche Kollegen zur Berichterstattung, die das Publikumsinteresse derart vergrößern kann, dass es neue Berichte und Kommentare hervorruft und die Erregungsspirale in Schwung bringt.

Da der Erfolg der journalistischen Wortführer davon abhängt, ob einflussreiche Mitläufer und viele Chronisten ihre Vorgaben aufgreifen, gibt es gelegentlich Absprachen zwischen einzelnen Wortführern sowie zwischen Wortführern und Mitläufern. Solche Absprachen sind schwer nachzuweisen, jedoch aufgrund der Aussagen von Beteiligten für die Skandalisierungen Manfred Stolpes und Lothar Späths belegt. Das trifft in ähnlicher Weise auf die Kooperation zwischen Journalisten einer Tages- und einer Wochenzeitung im Fall der Skandalisierung angeblich mikrobiell belasteter Birkel-Nudeln zu. Die sehr ähnlichen, kurz nacheinander veröffentlichten Schemata zur Skandalisierung Wulffs auf *SZ.de* und in der *Frankfurter Allgemeinen Zeitung* sowie die nahezu zeitgleichen Meldungen über Wulffs 19 Tage zurückliegenden »Drohanruf« beim Chefredakteur der *BILD*, kurz bevor das Interesse an dem Fall zu versickern drohte, deuten in die gleiche Richtung. Das legt die Vermutung nahe, dass auch hier die Wortführer nicht unabhängig voneinander gehandelt haben. Beweise dafür gibt es nicht.

Randbedingungen von Skandalen. Der Erfolg von Skandalisierungen hängt von Randbedingungen ab, die die Wortführer und ihre Mitläufer nicht oder nur sehr bedingt beeinflussen können. Dazu gehört die Nachrichtenlage. Einen quantitativen Beleg für die Bedeutung der Nachrichtenlage liefert die Skandalisierung der Ermordung alter Menschen durch Puerto Ricaner in New York in den 1970er-Jahren, die vom US-amerikanischen Soziologen Mark Fishman untersucht wurde. Obwohl sich die Zahl der Morde nicht signifikant erhöht hatte, gab es aus medieninternen Gründen eine Welle skandalisierender Berichte über angeblich ähnliche Fälle. Sie vermittelten den Eindruck einer drastischen Gefahr und lösten Aktivitäten von Politik und Polizei aus, die ihrerseits die Berichterstattung befeuerten. Die Welle der Berichterstattung wurde jedoch schlagartig für einige Zeit wegen eines Ereignisses unterbrochen, das mit dem Thema nichts zu tun hatte, der Primaries in den New-England-Staaten. Sie konnten eine Vorentscheidung der Wahl des kommenden Präsidenten bedeuten und besaßen deshalb einen noch größeren Nachrichtenwert als die Morde.

Auf der Grundlage solcher Erfahrungen kann man den Einfluss von politischen Konstellationen auf die Wahrscheinlichkeit der Skandalisierung eines US-Präsidenten durch die *Washington Post* berechnen. Sie sinkt in den USA mit relativ großer Wahrscheinlichkeit, wenn viele Anhänger der Oppositionspartei den amtierenden Präsidenten unterstützen. Die Wahrscheinlichkeit, mit der es zur Skandalisierung kommt, ist im unrealistischen Fall einer Unterstützung des Präsidenten durch acht von zehn Oppositionsanhängern fast null.[7]

---

7   Brendan Nyhan (2014): Scandal Potential. How Political Context and News Congestion Affect the President's Vulnerability to Media Scandal. In: *British Journal of Political Science,* Band 45, Heft 2, S. 435–466.

6. Entwicklung der Skandalhäufigkeiten

Die Häufigkeit von Skandalen hat in Ländern mit Pressefreiheit erheblich zugenommen. Auskunft über diese Entwicklung geben vor allem Inhaltsanalysen der Berichterstattung. Anhand dieser Analysen kann man die Veränderung der Zeitspanne zwischen dem Beginn eines politischen Skandals und dem Rücktritt des verantwortlichen Ministers bestimmen. Anhand der Verläufe von Skandalen werden verschiedene Ursachen der Entwicklung dargestellt.

D ie Häufigkeit von Skandalen im Zeitverlauf kann man anhand unterschiedlicher Indikatoren erfassen. Am einfachsten ist die Analyse von Verweisen auf den Begriff »Skandal« im Register des *SPIEGEL* oder in ähnlichen Quellen. Dadurch kann man schnell und kostengünstig Zeitreihen erstellen. Sie haben jedoch zwei Nachteile. Zum einen kann man den »Skandalruf«, also die einfache Bezeichnung eines Sachverhalts als Skandal, nicht von einem sozialen Geschehen unterscheiden, das man ernsthaft einen Skandal nennen kann. Zum anderen ändert sich im Lauf der Zeit die Neigung, einen problematischen Sachverhalt als Skandal zu bezeichnen. In Krisenzeiten nimmt sie zu, in ruhigen Zeiten ab. Deshalb spiegeln die Begriffsverweise unter Um-

© Springer Fachmedien Wiesbaden GmbH, ein Teil von Springer Nature 2018
M. Kepplinger, *Medien und Skandale*, Medienwissen kompakt,
https://doi.org/10.1007/978-3-658-21394-7_6

ständen eher sprachliche Moden als sachliche Veränderungen.

Aussagekräftigere Quellen sind Skandalchroniken, die in Büchern relativ umfangreiche Darstellungen zahlreicher Skandale geben und fundierte im Internet verfügbare Auflistungen von Skandalen mit kurzen Erläuterungen. Hierbei bewegt man sich auf einer solideren Basis, allerdings beruhen viele Skandalchroniken auf Aversionen der Verfasser gegen bestimmte Typen von Missständen. So besitzen Chroniken politischer Skandale häufig eine parteipolitische Schlagseite, und Chroniken von Umwelt- oder Lebensmittelskandalen beruhen auch auf Interessen von NGOs. Allerdings kann man durch eine Prüfung fragwürdiger Fälle offensichtliche Verzerrungen vermindern.

Die mit Abstand solideste Quelle sind Inhaltsanalysen von Medienberichten, die vorher definierte Merkmale von typischen Skandalisierungen sowie die Anzahl und Art der Beiträge über jeden Fall in mehreren Medien erfassen. Dadurch kann sichergestellt werden, dass es sich tatsächlich um Skandale und nicht nur um Kampagnen einzelner Medien handelt.

In Deutschland hat sich die Zahl der politischen Skandale mit bundesweiter Beachtung von 1950 bis 1991 verdreifacht. In die Analyse einbezogen sind alle Skandale, in die Politiker verwickelt waren, unabhängig davon, ob es sich um Lokal-, Regional- oder Bundespolitiker handelte und unabhängig davon, ob sie ein Amt innehatten. Grundlage ist eine vergleichende Analyse dreier Quellen – des SPIEGEL-Registers, einer Stichprobe von SPIEGEL-Beiträgen sowie einer Skandalchronik. Die Entwicklung verlief nach allen drei Quellen ähnlich, jedoch nicht linear. Vielmehr ist von den frühen 1950er- bis Mitte der 1970er-Jahre die Zahl der politischen Skandale mit fünf Fällen pro Doppeljahr etwa gleich geblieben. Danach stieg ihre Zahl bis Anfang der 1990er-Jahre auf fast 25 pro Doppeljahr. Gleichzeitig öffnete sich eine Schere zwischen der Zahl der skandalisierten Politiker und der Zahl der Politiker, die infolge der Skandalisierung ihr Amt aufgaben.

In die gleiche Richtung deutet die Häufigkeit skandalbedingter Rücktritte von 16 Bundesministern. In den 1960er-Jahren gab es als Folge von Skandalisierungen zwei Rücktritte (Oberländer, Krüger) – nicht gerechnet der Verzicht von Franz-Josef Strauß auf ein neues Ministeramt nach dem Austritt der FDP aus der CDU/CSU/FDP-Koalition, den man als Folge der SPIEGEL-Affäre betrachten kann. In den 1970er-Jahren gab es ebenfalls zwei skandalbedinge Rücktritte (Leber, Maihofer), in den 1980er-Jahren einen (Graf Lambsdorff), in den 1990er-Jahren fünf (de Maizière, Stoltenberg, Möllemann, Krause, Seiters) und von 2000 bis 2009 vier (Klimmt, Fischer, Funke, Jung). In den folgenden vier Jahren waren es zwei (zu Guttenberg, Schavan) – nicht gerechnet die Rücktritte der Bundespräsidenten Köhler (2010) und Wulff (2012). Neun der zurückgetretenen Bundesmister waren Mitglieder der CDU/CSU, jeweils drei Mitglieder der SPD und der FDP und eine Ministerin war Mitglied der Grünen. Dabei ist zu berücksichtigen, dass die CDU/CSU zwischen 1960 und 2013 mehr Minister stellte als die anderen Parteien.

In der Schweiz hat der Anteil der skandalisierenden Beiträge über die zehn wichtigsten Kommunikationsereignisse von durchschnittlich etwa 5 Prozent zu Beginn der 1960er-Jahre ab 2007 auf durchschnittlich etwa 30 Prozent zugenommen.[8] Die Entwicklung besaß eine klare Richtung, verlief jedoch auch nicht linear. Vielmehr nahm der Anteil der skandalisierenden Beiträge Anfang der 1990er-Jahre und ab 2007 erheblich zu. Dazwischen war sie zurückgegangen.

Vergleichbare Daten gibt es für die skandinavischen Länder. In Schweden und Norwegen nahm die durchschnittliche

---

8 Vgl zum Folgenden: Christian von Sikorski: The Aftermath of Political Scandals: A Meta-Analysis. In: *International Journal of Communication* (im Druck).

Zahl der politischen Skandale pro Jahr von 1,6 (1980–89), über 1,7 (1990–99) und 5,2 (2000–09) auf 7,0 zu (2010–2014). In Dänemark und Finnland verlief die Entwicklung von 1980 bis 2009 ähnlich. Für die Zeit danach liegen keine Daten vor.

Aufgrund der unterschiedlichen Vorgehensweisen kann man die Daten nicht direkt vergleichen. Dennoch ist festzustellen, dass in allen untersuchten Ländern die Zahl der Skandale langfristig erheblich zugenommen hat. Diese Entwicklung hat in Deutschland in den 1950er-Jahren langsam begonnen und sich – wie auch in der Schweiz – in den späten 1970er-Jahren zunehmend beschleunigt: Die Zahl der Skandale nahm mit den erwähnten Schwankungen von Jahr zu Jahr immer schneller zu. Ähnlich verlief die Entwicklung seit den 1980er-Jahren in den nordischen Ländern. Auch dort nahm die Zahl der Skandale nach langsamem Beginn immer schneller zu. Folglich gab es in den fünf Jahren ab 2010 pro Jahr durchschnittlich viermal so viele politische Skandale wie in den Jahren ab 1980.

Neben der wachsenden Zahl der Skandale sind einige andere Aspekte der Entwicklung bedeutsam. Seit den 1960er-Jahren stellten die Medien den in Rücktrittsdiskussionen um deutsche Bundesminister thematisierten Sachverhalt immer eindeutiger als Missstand dar. Der Personalisierungsgrad der Skandalisierung von Missständen stieg deutlich an und der Empörungsgehalt der Rücktrittsdiskussionen nahm erheblich zu. Dagegen wurde die Zeitspanne zwischen dem Beginn der Skandalisierungen und den Rücktritten der Bundesminister immer kürzer. Sie verringerte sich von über 30 Tagen im Fall Oberländer (1960) auf fünf Tage im Fall Jung (2009). Abbildung 7 illustriert diese Entwicklung.

Die immer schnelleren Rücktritte der Bundesminister waren vermutlich Folge der massiveren Skandalisierungen durch die Medien. Daneben dürften auch andere Faktoren eine Rolle gespielt haben – die schwindende Unterstützung der skan-

Abb. 6 Dauer der Rücktrittsdiskussionen um Bundesminister bis zur öffentlichen Rücktrittserklärung (in Tagen)

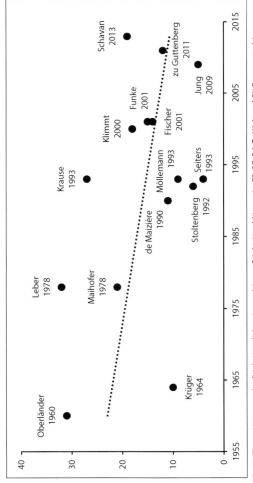

Basis: Thematisierung der Rücktrittsdiskussionen bis zur Rücktrittserklärung in *FR, SZ, F.A.Z., Welt* und *BILD* von 1960 bis 2013 – ohne den Sonderfall des Rücktritts von Graf Lambsdorff 1984. Die gestrichelte Linie zeigt den linearen Trend.

Quelle: Weichselbaum, Philipp Matthias (2016): Öffentlicher Druck. Theoretische Grundlegung und empirische Analyse am Beispiel von Rücktritten deutscher Bundesminister (1960–2013). Diss. phil. Universität Mainz, S. 110, 339.

dalisierten Politiker aus den eigenen Reihen aus Sorge um das Ansehen der Partei sowie die wachsende Bereitschaft konkurrierender Seilschaften, ihre eigenen Hoffnungsträger auf Kosten des Skandalisierten zu fördern.

Zusammenfassend kann man feststellen, dass in allen genannten Ländern die Zahl der Skandale und der skandalisierenden Berichte im Lauf der Jahrzehnte erheblich zugenommen haben. Hierfür gab es vermutlich medieninterne und medienexterne Gründe. In der Gruppe der medieninternen Gründe kann man theoretisch zwei Faktorenbündel unterscheiden – den Wandel im journalistischen Selbstverständnis und die Zunahme des Wettbewerbs zwischen den Medien. Zum Wandel des journalistischen Selbstverständnisses gehört die Vorstellung von Kritik. Als kritisch galten früher Journalisten, die Fakten vor ihrer Veröffentlichung auf ihre Richtigkeit prüften. Heute gelten Journalisten als kritisch, wenn sie Personen und Organisationen kritisieren. Dazu kam ein Rollenwechsel der Journalisten von passiven Beobachtern zu aktiven Teilnehmern am Geschehen, die es durch ihre Berichterstattung gestalten wollen. Diese Änderung der Berufsrolle war und ist verbunden mit einem zunehmenden Machtbewusstsein und Machtanspruch. Für den Wandel in beiden Bereichen gibt es zahlreiche Belege.

Auch in der Gruppe der medienexternen Gründe kann man zwei Faktorenbündel unterscheiden – die zunehmende Verletzung von Werten und Normen durch verantwortliche Akteure in allen Lebensbereichen (u. a. Politik, Wirtschaft, Kultur, Sport) sowie die zunehmende Skandalisierung von Missständen in allen Lebensbereichen durch Wettbewerber. Hinzu kam seit den 1980er-Jahren die Professionalisierung der Kritik an Missständen durch PR-Agenturen und NGOs, die neben allgemein-gesellschaftlichen Zielen auch materielle Eigeninteressen vertreten.

Zwischen den erwähnten Veränderungen gab es vermutlich vielfältige Wechselwirkungen. So dürften die größeren Publizitätschancen von Skandalisierungen wegen des neuen journalistischen Selbstverständnisses die Bereitschaft von gesellschaftlichen Akteuren vergrößert haben, ihre Wettbewerber zu skandalisieren. Zudem dürften die größeren Publizitätschancen von Skandalisierungen die Entstehung von Organisationen gefördert haben, die Skandalisierungen professionell betreiben und verstärken. Als Folge dieser Entwicklungen hat vermutlich die Zahl der skandalisierenden Informationen aus dem vormedialen Raum zugenommen. Das wiederum hat den Selektionsdruck auf die Redaktionen verstärkt.

Dieser komplexe Prozess besitzt zwei Hauptursachen. Eine dieser Ursachen ist der Generationswechsel in den Redaktionen, der sich langfristig auch auf das Selbst- und Berufsverständnis älterer Kollegen ausgewirkt hat. Ein Teil von ihnen hat sich den Sichtweisen jüngerer Kollegen angeschlossen, die nach den Studentenrebellionen in den 1960er- und 1970er-Jahren Journalisten wurden. Eine weitere Ursache ist die mit steigendem Lebensstandard abnehmende Risikobereitschaft der Bevölkerung. Zur Beseitigung der Missstände in den Nachkriegsjahrzehnten nahmen die meisten Menschen große Risiken in Kauf. Das schloss den laxen Umgang mit Gesetzen, Verordnungen und anderen Vorschriften ein. Mit steigendem Lebensstandard nahm diese Risikobereitschaft ab, weil die Nutznießer der positiven Entwicklung das Erreichte nicht gefährden wollten. Damit sank die Bereitschaft, Regelverletzungen hinzunehmen, und wuchsen die Chancen, große und kleine Missstände erfolgreich zu skandalisieren.

7. Medienwirkungen

Die Größe eines Skandals hängt vom Wirkungspotential der skandalisierenden Medien und dem Zusammenspiel der dadurch vermittelten Vorstellungen und Gefühle ab. Aus ihnen leiten die Nutzer Forderungen an die Skandalisierten ab – ob sie zurücktreten müssen oder nicht, in welcher Höhe sie Schadensersatz leisten müssen usw. Die Nutzer ziehen ihre Folgerungen scheinbar eigenständig, tatsächlich sind sie medial vorgeprägt.

Das Wirkungspotenzial einer Skandalisierung beruht auf der der Art und Menge der Beiträge und der Reichweite der Medien (Zahl der Nutzer), gewichtet mit der Intensität ihrer Nutzung durch Leser, Hörer und Zuschauer. Das gilt für einzelne Medien wie auch für die Skandalberichterstattung insgesamt.

Wirkungspotenzial einer Skandalisierung

Einen Eindruck von der generellen Bedeutung der Medien für die Skandalisierung von Missständen vermittelt eine repräsentative Bevölkerungsumfrage. Die Befragten sollten an-

© Springer Fachmedien Wiesbaden GmbH, ein Teil von Springer Nature 2018
M. Kepplinger, *Medien und Skandale*, Medienwissen kompakt,
https://doi.org/10.1007/978-3-658-21394-7_7

hand mehrerer realer Fälle sagen, ob sie den jeweiligen Sachverhalt für einen Skandal halten. Bei den Fällen handelte es sich um die Skandalisierung von Verkehrsminister Günther Krause wegen der Bezahlung seiner Putzfrau, des Bayerischen Ministerpräsidenten Max Streibl wegen eines gesponserten Urlaubs, des Schleswig-Holsteinischen Sozialministers Günther Jansen wegen verdeckter Geldzahlungen an einen Informanten, der Hessischen Arbeitsministerin Heide Pfarr wegen der Renovierung ihrer Dienstwohnung auf Kosten des Landes sowie des Brandenburgischen Ministerpräsidenten Manfred Stolpe wegen seiner angeblichen Stasi-Tätigkeit. Bis auf Manfred Stolpe mussten alle genannten Politiker skandalbedingt zurücktreten.

Tabelle 4 zeigt den Anteil aller Befragten, die das Verhalten der Politiker für einen Skandal hielten, daneben den Anteil der Befragten, die die Vorwürfe gegen die Politiker kannten, also davon gehört oder darüber gelesen hatten, und die die erwähnten Verhaltensweisen für einen Skandal hielten. Die Bezahlung von Krauses Putzfrau hielten fast doppelt so viele Befragte für einen Skandal wie die Renovierung von Pfarrs Dienstwohnung. Durch die »Natur der Sache« kann man diesen Unterschied vermutlich nicht erklären, aber er verschwindet völlig, wenn man nur die Befragten berücksichtigt, die die Vorwürfe kannten. Die naheliegende Erklärung des Unterschieds besteht darin, dass Krause langfristig von bundesweiten Medien skandalisiert wurde, Pfarr aber nur kurzzeitig von regionalen Medien. Auch in allen anderen Fällen gleichen sich die Einschätzungen an, wenn man nur jene betrachtet, die die Fälle kannten. Die einzige markante Ausnahme bildet Stolpe – vermutlich wegen seiner gekonnten Verteidigungsstrategie.

Die meisten Diskussionen über Skandale landen in neuerer Zeit schnell bei der Rolle des Internets. Das ist nicht unbegründet. Im Fall der Skandalisierung von Bundespräsident Horst Köhler spielte ein Blogger eine wichtige Rolle, der die

Tab. 4 Medienberichte als Voraussetzung der Einschätzung von Missständen als Skandale (in %)

	halten für einen Skandal	
	alle Befragte	Befragte, die davon gehört haben
Missstände		
Dass Günther Krause sich die Putzfrau vom Arbeitsamt bezahlen ließ (»Putzfrauen-Affäre«)	72	82
Dass der bayerische Ministerpräsident Streibl Urlaub auf Kosten eines Flugzeugherstellers gemacht hat (»Amigo-Affäre«)	49	65
Dass der schleswig-holsteinische Sozialminister Jansen 40 000 DM an Pfeiffer (im Barschel-Skandal) bezahlt hat, ohne dass man weiß, wofür (»Schubladen-Affäre«)	48	69
Dass Heide Pfarr sich als hessische Ministerin eine Wohnung für 50 000 DM aus Steuergeldern hat renovieren lassen	42	88

Quelle: Institut für Demoskopie Allensbach, ID-Umfrage 5081, Juni 1993. Auszug aus den Daten.

traditionellen Medien vor sich hertrieb. Bei der Skandalisierung von Verteidigungsminister zu Guttenberg lieferten Internetaktivisten immer neue Informationen und verschafften den Vorwürfen Glaubwürdigkeit. Allerdings sind in Deutschland Anprangerungen im Internet bisher in keinem Fall zur direkten Ursache von Skandalen geworden. In allen Fällen entwickelten sich aus ihnen erst dann Skandale, wenn sie von traditionellen Medien aufgriffen wurden. Ein Beispiel ist die monatelange Skandalisierung von Bildungsministerin Annette Schavan durch Internetquellen. Ein Skandal entwickelte sich daraus erst, als traditionelle Medien sich anschlossen und den Rücktritt Schavans forderten. Die entscheidenden Gründe hierfür sind die Reichweite der traditionellen Medien und die Regelmäßigkeit, mit der sie genutzt werden.

Den Druck, den eine Skandalisierung ausübt, kann man auf der Grundlage von Analysen skandalisierender Medienbeiträge z. B. vor Politikerrücktritten abschätzen. Dabei stehen die Menge und die Art der Beiträge im Zentrum der Betrachtung. Grundlage für die Abschätzung des Drucks ist die systematische Erfassung von 14 vorher definierten, skandalrelevanten Eigenschaften der Beiträge vor den Rücktritten von 16 Bundesministern zwischen 1960 und 2013. Die Analyse setzt demnach am Ende erfolgreicher Skandalisierungen an und fragt nach den Ursachen und den typischen Merkmalen der vorangegangenen Berichterstattung. Nach einer systematischen Erhebung der Daten wird in einem komplexen Verfahren das Druckpotenzial der Berichterstattung berechnet. Es ist definitionsgemäß umso größer, je mehr Beiträge die skandalrelevanten Aussagen aufweisen.

In überregionalen Abonnementzeitungen besitzen demnach jene Beiträge das größte Druckpotenzial, die die Bedeutsamkeit des Falls betonen, die Eindeutigkeit des Geschehens behaupten, die Größe des Missstands hervorheben, das Geschehen und die Protagonisten besonders negativ darstellen, seine Prominenz akzentuieren und ganz auf den skandalisierten Sachverhalt konzentriert sind – ihn also nicht nur am Rande behandeln. In der Berichterstattung der Boulevardpresse besitzen die Emotionalität der Darstellung sowie die Personalisierung der Vorwürfe ein ähnlich großes Druckpotenzial. Auf diesen Grundlagen kann man den Druck der Skandalisierungen der 16 Bundesminister vom Beginn ihrer Skandalisierung bis zu ihrem Rücktritt berechnen und im Zeitverlauf darstellen. Einen Eindruck von den Folgen vermittelt Abbildung 6 auf Seite 53.

Wirkungsverläufe

Die Bevölkerung reagierte auf Skandalisierungen meist nicht mit spontaner Empörung. Ein Beispiel dafür ist die Entwicklung der Bevölkerungsmeinungen während der Skandalisierung Christian Wulffs. Sie begann am 13. Dezember 2011 in der *BILD* mit einem Frontalangriff auf Wulffs Vertrauenswürdigkeit, dem eine erste Welle skandalisierender Beiträge folgte. Der Anteil der Personen, die an Wulffs Ehrlichkeit zweifelten, nahm vom 19. Dezember 2011 bis zum 2. Januar 2012 von 47 Prozent auf 69 Prozent. Allerdings wirkte sich das nur vergleichsweise gering auf die Forderung nach Wulffs Rücktritt aus. Der Anteil derer, die der Meinung waren, Wulff sollte zurücktreten, stieg im gleichen Zeitraum nur von 26 Prozent auf 34 Prozent.

Das änderte sich im Januar 2012, nachdem die Medien einen Anruf Wulffs beim Chefredakteur der *BILD* massiv skandalisiert hatten. Nun standen sich zunächst zwei gleich große Lager gegenüber, die einen Rücktritt ablehnten oder forderten (jeweils 46 Prozent), wobei die Mehrheit (54 Prozent) im Lauf der Zeit dem Medientenor folgte. Die dritte Welle der medialen Skandalisierung des Bundespräsidenten dauerte nach dem alles entscheidenden Beitrag am 8. Februar 2012 in der *BILD* nur einige Tage und besaß auf die Meinung der Bevöl-

kerung keine identifizierbare Wirkung. In der Folge beantrag-
te die Staatsanwaltschaft Hannover ein Ermittlungsverfahren
gegen Wulff, hob der Bundestag seine Immunität auf und er-
klärte Wulff seinen Rücktritt.

Vergleicht man die Vorstellung der Bevölkerung von Wulff
wenige Tage nach Beginn der zweiten Skandalisierungswelle
am Jahreswechsel mit ihren Vorstellungen einige Tage vor seinem Rücktritt, ergibt sich folgendes Bild: Die Vorstellung, er
sei »nicht ehrlich«, hatten zunächst 47 Prozent der Bevölkerung, am Ende 68 Prozent. Die Forderung, er solle »zurücktreten«, erhoben zunächst 26 Prozent, am Ende 54 Prozent.

Die Skandalisierung Wulffs besaß demnach mit deutlicher Zeitverzögerung eine starke Wirkung auf die Vorstellungen der Bevölkerung von seinem Charakter und ihre damit zusammenhängende Meinung, er solle zurücktreten. Da
Wulff als Bundespräsident aber weder entlassen noch abge-
wählt werden konnte, waren letztlich die reziproken Effekte
der Medien auf die Entscheidungen der handelnden Akteure
ausschlaggebend, in diesem Fall der Staatsanwälte in Hannover. Sie machten mit ihrem Antrag zur Aufhebung seiner Immunität den Rücktritt unausweichlich.

Wirkungszusammenhänge

Eine effektive Skandalisierung etabliert bei einem Großteil
der Bevölkerung die Überzeugung, sie wüsste genau, was vor-
gefallen ist. In Wirklichkeit kennen die meisten nur einen
kleinen Teil der Fakten. Zudem erweist sich das, was alle zu
wissen glauben und entschieden verteidigen, im Nachhinein
oft als falsch. Das interessiert dann aber niemanden mehr.
Den Beleg liefert ein leicht nahvollziehbares Gedankenexpe-
riment anhand eines einzigen Aspekts der vielfältigen Skandalisierung Wulffs – des Kredits für seinen Hauskauf. Dabei
ging es um folgende Fragen:

- Welche Rolle spielten der Unternehmer Egon Geerkens und seine Frau bei der Kreditvergabe?
- Hatte Wulff zu Geerkens eine Geschäftsbeziehung oder nicht?
- Handelte es sich bei der Darlehensannahme um einen Verstoß gegen das Ministergesetz oder nicht?
- Wann war der Vertragsabschluss der Umschuldung, und warum ist das relevant?
- Waren die Sonderkonditionen der BW-Bank für Wulff regelkonform oder nicht?

Die meisten wussten das vermutlich damals nicht, und noch weniger wissen es heute – obwohl die Fakten bekannt sind. Trotzdem waren sich die meisten Menschen mit ihrem Urteil so sicher, dass sie Wulffs Rücktritt forderten. Hierbei handelt es sich nicht um einen Einzelfall.

Im Skandal glauben alle, sie wüssten genau Bescheid. Tatsächlich erliegen sie einer Wissensillusion: Sie haben von den meisten relevanten Fakten keine Ahnung. Sie waren davon überzeugt, dass Ortho-Nitroanisol hochgiftig ist – im Fall der Skandalisierung der Hoechst AG; dass die Versenkung der Brent Spar eine Umweltkatastrophe auslösen würde – im Fall der Skandalisierung der Shell AG; dass die CDU nach dem Machtverlust Akten im Bundeskanzleramt vernichten ließ – im Fall der Skandalisierung der illegalen Spenden an Kohl; dass der Verzehr von Rindfleisch Gesundheit und Leben wahrscheinlich gefährde – im Fall der Skandalisierung auch von Rindern aus Deutschland. Wie kann man derartige Wissensillusionen erklären?

Kognitionen. Die Gründe der fragwürdigen Urteilsbildung in Skandalen liegen im Mangel an Informationen. Wie Menschen mit solchen Situationen umgehen, hat der Sozialpsychologe Muzafer Sherif bereits vor mehreren Jahrzehnten in einem berühmten Experiment gezeigt. Die Urteilsbildung in einem Skandal ähnelt den von Sherif entdeckten Prozessen. Auch in Skandalen geht es um objektive Tatsachen – z.B. die Existenz von Schadstoffen in Lebensmitteln, Sexreisen von Versicherungsagenten, die Baukosten des Bischofsitzes in Limburg. Die Richtigkeit dieser Informationen ist meist überprüfbar, allerdings nicht für jeden und nicht sofort. So war z.B. lange unklar, wie hoch die Gesamtkosten der Baumaßnahmen in Limburg waren und wie viel davon auf den Ausbau der Privatwohnung von Bischof Tebartz-van Elst entfiel. Am Beginn eines Skandals urteilen die meisten Menschen noch auf der Grundlage individueller Vermutungen. Deshalb äußern sich verschiedene Beobachter unterschiedlich. Im Verlauf einer Skandalisierung aber gleichen sich die Urteile der dominierenden Sichtweise an. Bei ihr handelt es sich um die skandaltypisch einseitige und weitgehend übereinstimmende Darstellung der Medien.

Wie in Sherifs Experiment erleben die Menschen in Skandalen die Annäherung ihrer Urteile als Beleg dafür, dass ihre Ansichten »richtig« sind. Zur Gewissheit wird das, wenn sich die Gruppennorm so verfestigt hat, dass alle zum gleichen Urteil kommen. Trotzdem glauben alle, dass sie unabhängig von den anderen urteilen. Dabei erliegen sie der »Illusion der autonomen Urteilsbildung«: Was sie für ihr eigenes Urteil halten, ist in Wirklichkeit das, was sie in der Gruppe gelernt haben.

Zudem werden sie zum Opfer eines »essentialistischen Trugschlusses«: Sie glauben, sie würden den Sachverhalt selbst beschreiben – die Größe eines Umweltschadens oder das Ausmaß einer politischen Verfehlung. Tatsächlich ist das, was sie für eine Beschreibung der Natur der Sache halten, Ausdruck einer gruppen- oder landesspezifischen Sichtweise. Ihre Grundlage ist nicht die Realität, sondern eine spezifische, von Land zu Land oft unterschiedliche Darstellung der Realität. So herrschen in den USA und in Deutschland ganz unterschiedliche Vorstellungen davon, wie bedenklich die Nutzung privater Informationen durch Internetunternehmen ist.

Die Bedeutung der Reaktorkatastrophe in Fukushima für die heimische Kernenergie wird in Deutschland ganz anders dargestellt und gesehen als in England.

Emotionen. Die Skandalisierung von Missständen ruft starke negative Emotionen hervor – z. B. Erschütterung, Empörung, Abscheu, Wut. In vielen Fällen sind das die Folgen von erregenden Bildern – von Würmern in Speisefischen im Nematoden-Skandal, von Verletzten und Toten nach dem Brand einer Bergbahn im österreichischen Kaprun, von Explosionen im Kernkraftwerk in Fukushima. Solche Bilder allein erklären die starken negativen Reaktionen aber nicht, weil die auch dann auftreten, wenn es keine solchen Bilder gibt – z. b. bei der Skandalisierung von zu Guttenberg, Kachelmann, Wulff, Tebartz-van Elst. Zudem bleibt unklar, weshalb die Bilder diese und keine anderen Emotionen auslösen. Warum empfanden die meisten Fernsehzuschauer angesichts der Wasserkanonen auf Schlauchboote vor der Brent Spar vor allem Empörung über Shell statt Mitleid mit den Greenpeace-Aktivisten? Warum schlug die Trauer angesichts der Brandkatastrophe in Kaprun in Wut und Empörung um? Die Bilder erklären das nicht. Hinzukommen müssen Vorstellungen von den Ursachen.

Emotionen sind spontane Folgen der individuellen Einschätzung einer Situation. Die Art der Emotionen hängt von der Vorstellung ab, was den Missstand ausgelöst hat. Falls man glaubt, ein Missstand sei durch höhere Gewalt – etwa durch ein Naturereignis – hervorgerufen worden, empfindet man Trauer. Beispiele hierfür sind die ersten Reaktionen auf die Katastrophen in Kaprun und auf die Opfer der Tsunamis in Thailand und Japan. Falls man glaubt, ein Missstand sei auf individuelle Fehler eigennützig handelnder Personen zurückzuführen, empfindet man Wut und Ärger. Ein Beispiel sind die Reaktionen auf die Reaktorkatastrophe in Fukushima, als klar war, dass sie die Folge unzureichender Sicherheitsvorkehrungen und unfähiger Rettungskräfte war.

Falls sich Vorstellungen von den Ursachen ändern, ändern sich auch die damit verbundenen Emotionen. Ein Beispiel sind die emotionalen Reaktionen auf die Katastrophe in Kaprun, nachdem bekannt geworden war, dass sie eine Folge menschlichen Versagens war. Ein weiteres Beispiel sind die emotionalen Reaktionen auf den Einsturz der Eissporthalle in Bad Reichenhall vor und nach der Entdeckung, dass eine der Ursachen der Katastrophe menschliches Versagen war.

Wirkungsmodell. Auf der Grundlage der skizzierten Theorien kann man ein Modell der Zusammenhänge zwischen der schemageleiteten Skandalisierung tatsächlicher oder vermeintlicher Missstände und den Reaktionen der Leser, Hörer und Zuschauer entwickeln. Darin werden die Charakteristika der Medienberichte, die Aufnahme dieser Informationen durch die Mediennutzer, ihre Wahrnehmung des Geschehens aufgrund der Berichterstattung (Kognitionen), ihre dadurch ausgelösten Emotionen sowie ihre daraus abgeleiteten Meinungen zum Fall und ihre Forderungen an die beteiligten Akteure – z. B. Skandalisierte und Behörden – abgebildet. In der Darstellung und Wahrnehmung des Geschehens werden fünf Aspekte unterschieden: die Größe des Schadens (Missstands); die Verursachung des Schadens durch Mensch, Naturgeschehen oder Zufälle; die Motive der Handelnden (Eigennutz, Gemeinnutz); ihr Wissen um die Folgen bzw. ihre unverschuldete Unkenntnis; und ihre Handlungsfreiheit, also die Möglichkeit zum Nichthandeln oder zur Wahl von Handlungsalternativen. Abbildung 7 zeigt das theoretische Modell der Zusammenhänge zwischen Mediendarstellung, Realitätswahrnehmung und skandaltypischen Reaktionen.

Die theoretisch erwarteten Zusammenhänge kann man vereinfacht anhand dreier Fälle darstellen. Erstens: Je größer die Medien einen Schaden erscheinen lassen, je eindeutiger er nach ihrer Darstellung von Menschen verursacht wurde, die aus freier Entscheidung mit eigennützigen Motiven und in

Abb. 7 Mediendarstellung, Realitätswahrnehmung und Reaktionen

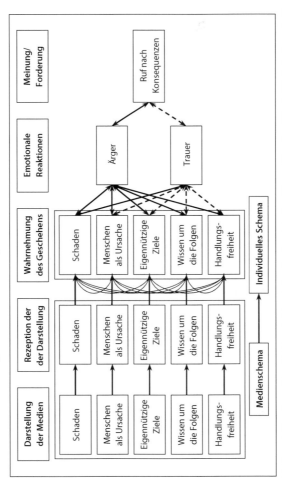

Grafik nach: Kepplinger, Hans Mathias et al. (2012): Framing Scandals: Cognitive and Emotional Media Effects. In: *Journal of Communication* (62), S. 659–681, dort S. 663.

Kenntnis der Folgen gehandelt haben, desto größer ist der Ärger der Mediennutzer über die Verursacher und desto entschiedener rufen sie nach ihrer Bestrafung. Ein Beispiel sind die Reaktionen auf Berichte über »Gammelfleisch« aus Großmetzgereien.

Zweitens: Je größer die Medien einen Schaden erscheinen lassen und wenn unklar ist, welchen Anteil daran Menschen hatten, die gemeinnützige Ziele verfolgten, nicht anders handeln konnten und zudem die Folgen ihres Handelns nicht kannten, desto größer ist die Trauer der Mediennutzer über das Geschehen und desto entschiedener lehnen sie eine Bestrafung der Akteure ab. Ein Beispiel sind die Reaktionen auf Berichte über das Zusammenspiel von Fluchthelfern und Schleppern.

Drittens: Je größer die Medien einen Schaden erscheinen lassen, je eindeutiger er nach ihrer Darstellung eine natürliche Ursache hat, desto größer ist die Trauer der Mediennutzer um die Betroffenen und die Forderung nach Vorsorgemaßnahmen. Ein Beispiel sind die Reaktionen auf Berichte über den Tod von Tunnelbauern als Folge eines unvorhersehbaren Bergrutsches.

Empirische Ergebnisse. Die theoretischen Annahmen wurden anhand von vier Skandalisierungen untersucht: der Skandalisierung von Staatsminister Ludger Volmer wegen der weitgehenden Aufhebung von Visa-Beschränkungen (Volmer-Erlass); der Skandalisierung von Außenminister Joschka Fischer wegen einer gleichgerichteten Anweisung an die Auslandsvertretungen; die Skandalisierung von Ex-Bundeskanzler Gerhard Schröder wegen seiner Tätigkeit im Aufsichtsrat eines russischen Konzerns; und die Skandalisierung des Bundesnachrichtendiensts wegen der Beschattung von Journalisten zum Zweck der Identifikation undichter Stellen im Geheimdienst.

Die skandalisierenden Medienberichte wiesen mehr oder weniger ausgeprägt die typischen Elemente skandalträchtiger

Schemata auf: Die Skandalisierten haben aus eigennützigen Motiven gehandelt; sie hätten anders handeln können; sie haben erhebliche Schäden angerichtet; und sie kannten die Folgen ihres Handelns. Diese Schemata waren jedoch nur in wenigen Beiträgen vollständig enthalten. Die meisten enthielten nur fragmentierte Schemata. Die befragten Leser und Zuschauer ergänzten aber die fragmentarischen Schemata zu weitgehend vollständigen Schemata. Das geschah nicht willkürlich, sondern schemagerecht entsprechend den vorhandenen oder früher schon gelesenen oder gehörten Hinweisen auf das Skandalöse des Geschehens. Als Folge des skizzierten Prozesses entsprachen die Vorstellungen der Befragten von den Skandalen deutlich besser den skandaltypischen Schemata als die Medienberichte, die sie verfolgt hatten.

Die Ergänzung fragmentierter Schemata durch Mediennutzer dürfte eine Ursache der Illusion der autonomen Urteilsbildung sein: Das Medienpublikum bildet sich anhand der Informationen ein eigenes Urteil. Es ist aber nicht eigenständig, sondern wird durch die vorgegebenen Schemata gesteuert. Die in Befragungen ermittelten Kognitionen und Emotionen sowie die von den Mediennutzern daraus abgeleiteten Folgerungen und Forderungen entsprachen trotz einiger Unterschiede zwischen den vier Fällen weitgehend den theoretischen Erwartungen. Da die meisten Medien die betroffenen Personen und Organisationen ähnlich skandalisierten und die Mediennutzer die fragmentierten Schemata schemagerecht ergänzten, erwies sich die Intensität der Berichterstattung – unabhängig vom skandalisierenden Charakter einzelner Beiträge – als entscheidender Wirkfaktor: Jeder passende Beitrag aktualisiert die bekannten Schemata, ruft die noch bekannten Informationen in Erinnerung, reichert sie an und bekräftigt sie. Die skizzieren Zusammenhänge erklären, weshalb dafür, dass die wahrgenommene Größe eines Skandals entscheidend von der Dauer einer Skandalisierung und der Menge der mehr oder weniger skandalisierenden Beiträge abhängt.

8. Die Rollen der Skandalisierten

Die Medien beeinflussen nicht nur die unbeteiligten Beobachter des Geschehens, sondern auch die Skandalisierten. Dies nutzen und interpretieren die Berichte anders als die unbeteiligten Beobachter und entwickeln unrealistische Vorstellungen von der Stärke der Medienwirkungen auf die Masse der Nutzer. Eine Folge der Nutzung und Verarbeitung skandalisierender Beiträge durch die Skandalisierten ist häufig das plötzliche Umschlagen von Trotz in Panik.

Skandale entstehen meist sehr schnell, weshalb man zu Recht sagt, sie »brechen aus«. Innerhalb weniger Tage beherrschen sie die Berichterstattung der meinungsbildenden Medien sowie die Aufmerksamkeit eines Großteils der Bevölkerung. Genaue Analysen zeigen jedoch, dass viele Skandale eine lange Vorgeschichte haben.

Vorgeschichten

Die Bayer AG wusste seit Jahren, dass der Cholesterinsenker Lipobay unter bestimmten Bedingungen tödliche Nebenwirkungen haben konnte, bereitete die Öffentlichkeit jedoch

© Springer Fachmedien Wiesbaden GmbH, ein Teil von Springer Nature 2018
M. Kepplinger, *Medien und Skandale*, Medienwissen kompakt,
https://doi.org/10.1007/978-3-658-21394-7_8

nicht auf eine Diskussion um die richtige Anwendung sowie die erforderliche Risikoabwägung vor. Deshalb musste Bayer das Medikament wenige Tage nach der Anprangerung der Todesfälle vom Markt nehmen.

Im Skandal um falsch deklarierte Bio-Eier hatte die Staatsanwaltschaft seit September 2011 Beweismittel gesichert und dabei eine Überbelegung der Ställe um 5 bis 10 Prozent festgestellt. Trotzdem änderten die Produzenten diese Praxis vor dem Skandal Anfang 2013 nicht und informierten auch nicht die Öffentlichkeit über die Gründe für die Überbelegung. Die kalifornische Umweltschutzbehörde CARB verlangte im Jahr 2008 von VW eine Erklärung, dass keine Spezialsoftware für die Motorsteuerung verwendet wird. Im Mai 2014 informierte die amerikanische Umweltbehörde EPA VW über den Verdacht, die Messung von Abgaswerten sei mit Hilfe von Software manipuliert. Im Dezember 2014 rief VW Fahrzeuge in die Werkstätten zurück – und machte ansonsten nichts, um sich personell und organisatorisch auf die Entdeckung der Manipulation und den dann unausweichlichen Skandal vorzubereiten.

Die oft langen Latenzzeiten besitzen vor allem sechs Ursachen: Erstens erreichen viele Informationen über Missstände die Medien nicht. Zweitens erkennen Journalisten die Skandalträchtigkeit eines Missstands häufig nicht sofort. Drittens laufen viele Skandalisierungsversuche zunächst ins Leere, weil die Vorwürfe von anderen Medien nicht aufgriffen, ergänzt und verstärkt werden. Viertens wissen einige reuige Akteure, die gegen geltende Regeln verstoßen haben, nicht, wie sie sich in Zukunft regeltreu verhalten können, ohne dass sie wegen früherer Regelverletzungen skandalisiert werden. Fünftens sehen viele sachkundige Insider die Gefahr einer Skandalisierung bekannter Missstände nicht oder hoffen, dass der Ernstfall nicht eintritt, wenn alle Beteiligten »dichthalten«. Das erweist sich oft als falsch, weil andere Insider aus unterschiedlichen Gründen ihr Wissen an die Medien weitergeben. Sechstens erkennen viele Insider aufgrund ihrer Betriebsblindheit nicht das Skandalisierungspotenzial fachlich bedeutungsloser, aber publizistisch spektakulärer Vorgänge.

Ein Beispiel für die sechste Ursache ist der kerntechnisch irrelevante Brand in einem Transformator auf dem Gelände des AKW Krümmel am 28. Juni 2007. Nachdem der Brand entdeckt worden war, sollte der Reaktor innerhalb von vier Tagen langsam heruntergefahren werden, was aber in vier Minuten geschah. Acht Minuten nach Brandbeginn bildete sich im Trafobereich starker Rauch. Nichts davon erfuhr die Öffentlichkeit. Eine Woche später »enthüllten« mehrere Medien die kerntechnisch bedeutungslosen Vorgänge und lösten einen Sturm der Entrüstung aus, in dessen Folge mehrere Führungspersonen ihre Ämter verloren.

Reziproke Effekte

Der Begriff »reziproke Effekte« bezeichnet den Einfluss positiver und negativer Medienberichte auf die Protagonisten der Berichterstattung. Diese Effekte können im Anschluss an und im Vorgriff auf die Berichterstattung eintreten – nachher durch Stellungnahmen (Reaktionen), vorher durch Beschleunigung oder Unterlassung eines geplanten Vorhabens (Antizipationen). Bei den Antizipationen handelt es sich um eine kaum beachtete aber folgenreiche Medienwirkung.[9] So berichteten in einer Befragung von Bundestagsabgeordneten aller Parteien 90 Prozent der Abgeordneten, sie hätten schon einmal erlebt, »dass im Vorfeld von Entscheidungen ihrer Fraktion mögliche Reaktionen der Medien eine Rolle spielten«, mehr als ein Viertel hatte das nach eigener Aussage schon »oft« erlebt. Nach Ansicht eines Drittels der Abgeord-

9   Vgl. www.kepplinger.de. Dort: »Rationalität von Politik und Medien« unter: »Aktuelle Studien«.

neten mit entsprechenden Erfahrungen hätten »die erwart-
baren Medienreaktionen ... gelegentlich einen substanziellen
Einfluss auf die Vorhaben«.

Mediennutzung von Skandalisierten. Die Skandalisierung
durch die Medien prägt nicht nur die Sichtweise der unbeteiligten Beobachter des Geschehens. Sie hat auch massive Auswirkungen auf die Protagonisten der Berichterstattung, die
Skandalisierten. Aus der Theorie der »kognitiven Dissonanz«,
wonach Menschen den für sie schmerzlichen Informationen
ausweichen, könnte man folgern, dass Skandalisierte die aus
ihrer Sicht negativen Berichte vermeiden. Befragungen von
Menschen, die massiver Medienkritik ausgesetzt waren – Zei-
tungsleser, die sich deshalb beim Deutschen Presserat be-
schwert haben, Richter und Staatsanwälte, Landtagsabgeordnete und Mitarbeiter von Unternehmen – zeigen jedoch: Die
Betroffenen vermeiden die negativen Beiträge über sie nicht,
sondern verfolgen sie besonders intensiv. Sie lesen, hören und
sehen mehr Beiträge und nutzen sie gründlicher als sonst. So
verfolgt jeder zweite Landtagsabgeordnete, dessen Partei »von
den Medien massiv kritisiert oder sogar angeprangert« wird
»viel mehr Beiträge über die Landespartei als normalerweise«; fast zwei Drittel lesen »einzelne Beiträge viel aufmerk-
samer als normalerweise«, über ein Drittel nutzt »Medien, die
sie normalerweise nicht beachten«, und fast ein Drittel liest
»einzelne Beiträge mehrmals«. Sie setzen sich aus verständli-
chen Gründen – aber mit problematischen Folgen – weit hö-
heren Mediendosen aus als die Masse der unbeteiligten Beobachter (Abbildung 8).

Wirkungsvermutungen von Skandalisierten. Die meisten
Menschen vermuten, dass Medien auf andere stärker negativ wirken als auf sie selbst. Beispiele dafür sind Vermutungen über die negativen Wirkungen von Gewaltdarstellungen,
Werbung und Pornographie. Diese Fehleinschätzung wird als

Abb. 8   Nutzung anprangernder Medienberichte durch Politiker. Frage:»Wie verhalten Sie sich, wenn Ihre Landespartei von Medien massiv kritisiert oder sogar angeprangert wird?« (Zustimmung zu den Aussagen in %)

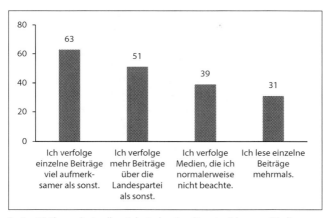

Basis: 568 Abgeordnete aller 16 deutschen Landtage im Jahr 2007. Für die Darstellung wurden die Skalenpunkte 1 und 2 einer 5stufigen Skala zusammengefasst.

Quelle: Marx, Dorothea (2009): *Landtagsabgeordnete im Fokus der Medien. Ihre Sicht auf Entstehung, Wirkung und Qualität landespolitischer Berichterstattung.* Baden-Baden: Nomos, S. 102.

»Third-Person-Effekt« bezeichnet. Er ist umso stärker, je größer die Vergleichsgruppe ist – z. B. Bekannte, Einwohner einer Stadt, eines Landes – und je größer die soziale Distanz zu ihnen ist – z. B. Studenten, die sich mit anderen Studenten vergleichen, mit den Einwohnern ihres Stadtviertels, mit den Einwohnern ihrer Stadt. Die Wirkungsvermutungen der Protagonisten kritischer oder anprangernder Medienberichte entsprechen diesem Muster.

Einen Beleg liefern die Vermutungen betroffener Landtagsabgeordnete: Relativ wenige vermuten starke negative Effekte anprangernder Medienberichte auf ihre Fraktionskollegen, deutlich mehr vermuten solche Effekte auf die Menschen in ihrem Wahlkreis, noch mehr vermuten sie auf die Wähler. Für Politiker und andere Protagonisten skandalisierender Berichte bedeutet das, dass sie sich von einer amorphen Masse umgeben sehen, die nach ihrer Überzeugung von der negativen Berichterstattung über sie stark beeinflusst wird. Damit überschätzen sie wahrscheinlich in den ersten zwei Wochen eines Skandals seine Wirkung auf die Bevölkerung. Aufgrund ihrer großen Betroffenheit und ihrer starken Mediennutzung können sie sich diesem Eindruck aber kaum entziehen (Abbildung 9).

Handlungsmöglichkeiten von Skandalisierten. Erfolgreiche Skandalisierungen vermindern oder zerstören die Glaubwürdigkeit der skandalisierten Personen und Organisationen. Da die meisten Medien schemagerechte Informationen und Bewertungen verbreiten, erscheint den Lesern, Hörern und Zuschauern alles, was dem widerspricht, mehr oder weniger unglaubwürdig. Das ist vor allem dann der Fall, wenn die Aussagen von den Skandalisierten stammen, weil sie im Verdacht stehen, die thematisierten Missstände herunterzuspielen und ihre Verantwortung vertuschen zu wollen.

Diese Wirkung besitzt eine wichtige Nebenwirkung: Sie vergrößert das Risiko von Journalisten, solche Meldungen zu veröffentlichen, und verringert die Möglichkeit der Skandalisierten, der Öffentlichkeit ihre Sichtweise des Geschehens mitzuteilen. Dieser Effekt kann in eine regelrechte Kommunikationsblockade münden, gegen die auch Unternehmen und Personen nicht ankommen, wenn sie über erhebliche personelle und finanzielle Mittel verfügen.

Ein Beispiel ist der skandalisierte Störfall auf dem Werksgelände der Hoechst AG am 22. Februar 1993, durch den niemand verletzt oder getötet wurde. Ein Gegenbeispiel ist der nicht skandalisierte Absturz einer Maschine der Lufthansa

Abb. 9   Vermutete Wirkung von negativen Medienberichten über die eigene Partei von Politikern dieser Partei.
Frage: »Alle Fraktionen werden gelegentlich zum Gegenstand von negativen Medienberichten. Wie schätzen Sie die Wirkung solcher Berichte auf folgende Personengruppen ein?« (Zuschreibung starker/ sehr starker Wirkung in %)

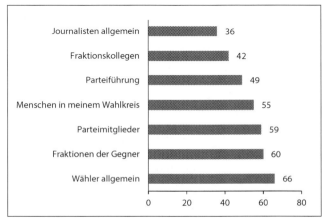

Quelle: Marx, Dorothea (2009): *Landtagsabgeordnete im Fokus der Medien. Ihre Sicht auf Entstehung, Wirkung und Qualität landespolitischer Berichterstattung.* Baden-Baden: Nomos 2009, S. 107.

am 14. September 1993, bei dem zwei Menschen starben und 45 Menschen zum Teil schwer verletzt wurden. Die relativen Auswirkungen der Skandalisierung des Störfalls auf die Kommunikationschancen der Hoechst AG zeigt der Vergleich mit den Kommunikationschancen der Lufthansa AG. Die Hoechst AG gab in fünf Tagen nach dem Störfall sieben Pressemitteilungen mit insgesamt 2 700 Worten heraus, die Lufthansa AG zehn Pressemitteilungen mit insgesamt 2 600 Worten. Ermittelt wurde die Resonanz dieser Mitteilungen in vier überregionalen Abonnementzeitungen *(FR, SZ, F.A.Z., WELT)* und einer Straßenverkaufszeitung *(BILD)*, in den Nachrichten und Nachrichtenmagazinen von *ARD* und *ZDF* sowie in den Nachrichten von *Sat.1.*

Die Medien brachten innerhalb von fünf Tagen 67 Meldungen über den Störfall und 61 Meldungen über den Flugzeugabsturz. Sie enthielten 206 Aussagen aus den Pressemitteilungen der Hoechst AG und 265 Aussagen aus den Pressemitteilungen der Lufthansa AG. Die Medien berichteten zwar ähnlich umfangreich über beide Unfälle und die Pressemitteilungen, allerdings besaßen die Unternehmen unterschiedliche Möglichkeiten, der Öffentlichkeit ihre Sichtweise mitzuteilen.

Die Pressemitteilungen der Lufthansa AG wurden in 24 Prozent der Medienberichte sprachlich und inhaltlich identisch wiedergegeben, in 46 Prozent sachlich vollständig, in 30 Prozent unvollständig. Die Pressemitteilungen der Hoechst AG wurden dagegen nur in 3 Prozent der Medienberichte inhaltlich und sprachlich identisch wiedergegeben, in 21 Prozent waren sie sachlich vollständig, in 76 Prozent unvollständig wiedergegeben. Die Berichte über die Pressemitteilungen der Hoechst AG waren aber nicht nur oft unvollständig, sie wurden außerdem noch negativ bewertet.

Folglich hatte die Hoechst AG schon nach fünf Tagen kaum noch eine Chance, die eigene Sichtweise über die Medien zu vermitteln. Paradoxerweise hieß es später, die Angstreaktionen eines Teils der benachbarten Anwohner, die in keinem Verhältnis zum Anlass standen, seien die Folge von Kommunikationsfehlern des Unternehmens gewesen (Abbildung 10).

Kognitive und emotionale Reaktionen von Skandalisierten. Fast alle Skandalisierten sehen sich auch dann als Opfer der Medien, wenn sie die Fehler zugeben, die man ihnen vorwirft. Dieses Gefühl, Opfer der Medien zu sein, hat drei Ursachen. Die erste besteht darin, dass die Masse der skandalisierenden Berichte neben zahlreichen richtigen auch zahlreiche

Abb. 10   Tenor der Darstellung von Aussagen aus Pressemitteilungen der skandalisierten Hoechst AG und der nicht skandalisierten Lufthansa AG (Aussagen in %)

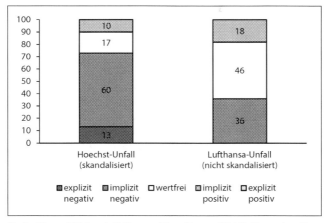

Quelle: Sturny, Dirk (1997): *Einfluss von Krisen-Typen auf Publikationsweisen. Eine Input-Output-Analyse anhand von zwei Beispielen (1997).* Magisterarbeit Universität Mainz, S. 86.

falsche Behauptungen enthalten, gegen die sich die Skandalisierten nicht effektiv wehren können: Sie werden weder alle erreichen, die die Informationen erhalten haben, noch alle Erreichten überzeugen, weil sie Eigeninteressen vertreten und deshalb im Verdacht stehen, sich nur herausreden zu wollen.

Die zweite Ursache ist der »fundamentale Attributionsfehler«: Akteure erklären ihre Entscheidungen vor allem mit den Umständen ihres Handelns – z. B. der verfügbaren Zeit, den vorhandenen Informationen, den rechtlichen Vorgaben. Beobachter erklären aber das gleiche Geschehen vor allem mit dem Charakter und den Motiven der Handelnden. Journalisten stellen als berufsmäßige Beobachter das Verhalten der Akteure entsprechend ihrer Sichtweise dar. Dadurch entsteht ein

Widerspruch zwischen der Selbstwahrnehmung der Skandalisierten, die sich als Opfer der Umstände und nun auch der
Medien sehen, weil die sie als Täter darstellen, die problemlos
auch anders hätten handeln können.

Die dritte Ursache ist die schiere Masse der skandalisierenden Berichte, die sie nicht stoppen können, die ihre Arbeits-
fähigkeit einschränkt, ihr Ansehen bei Kollegen und Unter-
gebenen untergräbt und ihren öffentlichen Ruf ruiniert. Die
Folgen sind starke negative Emotionen – vor allem Ärger und
das Gefühl der Hilflosigkeit. Hierbei handelt es sich um weitgehend automatische Reaktionen, die man kaum kontrollie-
ren kann. So berichtete jeweils mehr als die Hälfte der Medienerfahrenen und der Medienunerfahrenen, die sich beim
Deutschen Presserat über falsche oder unfaire Beiträge be-
schwerten, dass sie sich hilflos gefühlt hätten. Jeweils ein
Drittel berichtete, sie hätten das Gefühl gehabt, »verlassen
zu sein«. Zwar können Medienerfahrene mit ihren negativen
Emotionen besser umgehen als Unerfahrene, weil sie sie besser auf wenige Empfindungen begrenzen können. Sie leiden
aber unter den Emotionen ähnlich häufig und ähnlich lange wie die Unerfahrenen. Deshalb trifft eine Skandalisierung
medienerfahrene Personen ähnlich stark wie medienunerfah-
rene.[10]

Ursachen der Emotionen von Skandalisierten. Massive öffentliche Angriffe wirken sich auf das Selbstwertgefühl und
die Problemlösungsfähigkeit der Kritisierten aus. Dabei kann
man zwei Phasen erkennen. Zunächst betrachten Skandalisierte die Kritik an ihrem Verhalten als Angriffe auf ihr Selbstwertgefühl, die sie – vor allem, wenn sie öffentliche Kritik
gewohnt sind – nicht sonderlich ernst nehmen, weil sie die

---

10 Vgl. Emotionale Reaktionen von Medienerfahrenen und Unerfahrenen. In: Hans Mathias Kepplinger: *Medieneffekte*. Wiesbaden: VS
Verlag, S. 155–173.

Kritiker für sachlich inkompetent halten. Sie lesen zwar alles, was sie finden, beachten es aber möglichst wenig, leugnen auch zutreffende Tatsachenbehauptungen und berechtigte Folgerungen oder werten sie als unsachlich und unfair ab. Da sie die Sachverhalte meist besser kennen als ihre Kritiker, weil die Angriffe häufig auch falsche Behauptungen enthalten und weil sie fast immer mit herabsetzenden Wertungen verbunden sind, gelingt ihnen das vor sich selbst zunächst überzeugend. Folglich wiegen sie sich – ungeachtet ihrer unabweisbaren Ängste – in einer trügerischen Sicherheit, die von außen betrachtet als überlegener Trotz erscheint.

Je länger die Angriffe dauern und je größer, geschlossener und mächtiger die Gruppe der Kritiker wird, desto klarer erkennen die Skandalisierten, dass die Medien ihrer Darstellung des Geschehens nicht folgen, sondern sie umdeuten oder totschweigen. Zugleich müssen sie der Masse negativer Berichte immer mehr Aufmerksamkeit widmen. Das erfordert Zeit und Energie, verringert ihre Leistungsfähigkeit und mündet in die Gewissheit, dass sie nicht mehr handlungsfähig sind. Eine Folge ist häufig das scheinbar plötzliche Umschlagen der Trotzhaltung in Panikreaktionen, die die Lage der Skandalisierten noch verschlechtert.

9. Funktionen und Folgen von Skandalen

Die Funktionen, die Skandalen aufgrund von Gesellschaftstheorien zuge-schrieben werden, muss man von ihren messbaren Folgen unterscheiden. Dazu gehören neben den beabsichtigten positiven Folgen von Skandalen ihre unbeabsichtigten negativen Nebenfolgen. Anhand beider Folgen kann man die Nutzen-Schaden-Bilanz von Skandalen abschätzen und fest-stellen, welche Skandale funktional und welche dysfunktional sind. Zu-dem kann man prüfen, ob die Skandalisierung aller bekannten Missstände die vermuteten Funktionen erfüllen würde.[11]

Die Skandalisierung von Missständen kann man als Mittel zur Beseitigung der Missstände und zur Verhinderung von noch größeren Missständen betrachten. Ein Beispiel sind skandalisierende Berichte über einen unzureichenden Schutz wertvoller Gemälde in einem Museum, die zu besseren Schutz-vorkehrungen führen (falls nicht aufgrund der Berichte über die Mängel vorher eingebrochen wird). Man kann die Skan-dalisierung von Missständen auch als Abschreckung für ge-

---

11 Vgl. Hans Mathias Kepplinger (2017): *Die Mechanismen der Skanda-lisierung.* Reinbek: Lau-Verlag, S. 207–220.

© Springer Fachmedien Wiesbaden GmbH, ein Teil von Springer Nature 2018
M. Kepplinger, *Medien und Skandale*, Medienwissen kompakt,
https://doi.org/10.1007/978-3-658-21394-7_9

sellschaftliche Akteure betrachten, die dadurch zu einem verantwortungsbewussten, regelgerechten Verhalten motiviert werden. Darüber hinaus kann man die Skandalisierung von Missständen als funktionales Äquivalent für ein punktuelles oder strukturelles Versagen der Politik, der Justiz, der Verwaltung und anderer Institutionen ansehen. Aus dieser Perspektive gleichen die Medien durch die Skandalisierung von Missständen Funktionsmängel zuständiger und verantwortlicher Akteure, Organisationen oder Institutionen aus.

Diese »funktionale Skandaltheorie«, von der es mehrere Varianten gibt, beruht auf der Annahme, dass soziale Systeme – z.B. Staaten, Gemeinden, Unternehmen, Kirchen – dauerhaft nur in der vorgesehenen Weise existieren können, wenn sie bestimmte Funktionen erfüllen – z.B. die innere und äußere Sicherheit der Bürger gewährleisten. Diese funktionalen Voraussetzungen der Systeme können theoretisch durch verschiedene Mittel oder Maßnahmen erfüllt werden. Sie sind in diesem Sinne »funktional«. Mittel und Maßnahmen, die die Erfüllung der Funktionen erschweren oder behindern, sind »dysfunktional«. Mittel, die die gleichen Funktionen erfüllen, bezeichnet man als »funktionale Äquivalente«. So ist die staatliche Betreuung von Alten und Gebrechlichen ein funktionales Äquivalent zu ihrer Betreuung durch Familienangehörige.

Vertreter funktionaler Skandaltheorien leiten aus ihren Annahmen die Folgerung ab, dass die Skandalisierung möglichst aller Missstände funktional ist. In diesem Sinne kann man die Skandalisierung von Missständen als einen Wert an sich betrachten. Diese Argumentation entspricht der im 19. Jahrhundert entwickelten und inzwischen weitgehend aufgegebenen »Theorie der Generalprävention«. Danach sollten alle Straftaten entdeckt und alle Straftäter verhaftet, angeklagt und verurteilt werden. Je besser das gelinge, desto eher würden potenzielle Straftäter abgeschreckt und desto mehr würde das Vertrauen in den Rechtsstaat gestärkt. Ein Grund für die Aufgabe oder Relativierung der Theorie der Generalprävention ist die empirisch fundierte Erkenntnis, dass viele Rechtsverletzungen so häufig sind, dass sich kaum noch jemand an die entsprechenden Gesetze halten würde, wenn alle wüssten, wie oft sie gebrochen werden.

Die funktionale Skandaltheorie wirft drei zentrale Fragen auf. Erstens: Erfüllen erfolgreiche Skandalisierungen immer die vermuteten Funktionen? Zweitens: Haben Skandalisierungen nur funktionale oder auch dysfunktionale Folgen? Drittens: Sind Skandalisierungen per se positiv und wünschenswert? Die Beantwortung der ersten und dritten Frage hängt offensichtlich von der Beantwortung der zweiten Frage ab. Hinweise zur Beantwortung der zweiten Frage enthalten die folgenden Überlegungen und Daten.

Nebenwirkungen von Skandalen

Viele Handlungen besitzen neben den beabsichtigten auch unbeabsichtigte Folgen, die man als Nebenwirkungen bezeichnen kann. Zu den oft übersehenen Nebenwirkungen von Skandalen gehören die empirisch belegten Folgen dramatisierender und skandalisierender Schadensdarstellungen. Dazu gehören: die *Irreführung des Publikums* mit übertriebenen Darstellungen der Gefährdungen durch Arznei- und Lebensmittel; die *Verhaltenskonsequenzen* solcher Irreführungen – emotionsgetriebene Reaktionen wie die Boykottierung von Lebens- und Arzneimitteln (Rindfleisch, Rucola, Pradaxa) sowie die Nichteinnahme verschriebener Medikamente (Psychopharmaka, Herzmittel) und deren *gesundheitliche Schäden und finanzielle Kosten* für die Gemeinschaft der Versicherten. So erlitten in Deutschland aufgrund der Nichteinnahme verschriebener Psychopharmaka nach skandalisierenden Medienberichten etwa 28 000 Kranke schwere Rückfälle. Aufgrund falscher und übertriebener Warnungen brach im EHEC-Skandal der

Markt für mehrere Gemüsesorten ein und bedrohte die Existenz zahlreicher Landwirte, die die EU mit 227 Millionen Euro unterstützen musste.

Zu den Nebenwirkungen dramatisierender und skandalisierender Schadensdarstellungen gehören ferner: *fragwürdige politische* Entscheidungen wie der kopf- und planlose Ausstieg aus der Kernenergie nach Fukushima; *fragwürdige juristische* Praktiken wie die Eröffnung des Ermittlungsverfahrens gegen Christian Wulff und das Strafverfahren gegen Jörg Kachelmann, die die Angeklagten als Verlierer zurückließen, obwohl sie freigesprochen wurden; *schwindendes Vertrauen in Institutionen,* darunter die wachsende Politikverdrossenheit in Deutschland und den USA als Folge der zunehmenden Skandalisierung von Politikern. Zwar kann man nicht schlüssig beweisen, dass die Politikverdrossenheit eine Folge dieser Skandale ist. Man kann aber ausschließen, dass die Skandalisierung der Politik das Vertrauen in das politische System stärkt. Damit stellt sich die Frage, unter welchen Voraussetzungen die Skandalisierung von Missständen sinnvoll und in welchen Fällen sie fragwürdig ist.

Für ein rationales Urteil über Sinn und Unsinn von Skandalisierungen muss man zwei Faktoren in Rechnung stellen – das Ausmaß der skandalisierten Missstände und die Größe der negativen Nebenwirkungen ihrer Skandalisierung. Dabei gilt: Je größer die Missstände sind, desto verdienstvoller ist ihre Skandalisierung. Je größer die negativen Nebenwirkungen sind, desto fragwürdiger ist sie. Betrachtet man mit Hilfe dieser Unterscheidungen die Entwicklung der Häufigkeit und Größe von Skandalen im Zeitverlauf, kann man zwei vermutlich unstrittige Feststellungen treffen:

1. Je größer Missstände im Lauf der Zeit werden und je geringer die Nebenwirkungen sind, desto notwendiger und verdienstvoller ist ihre Skandalisierung.

Abb. 11 Nutzen-Schaden-Bilanz von Skandalisierungen im Laufe der Zeit

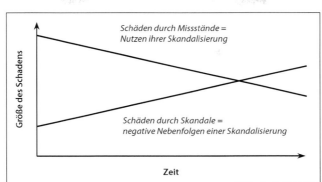

Eigene Darstellung.

2. Je kleiner Missstände im Lauf der Zeit werden und je größer die Nebenwirkungen sind, desto überflüssiger und fragwürdiger ist ihre Skandalisierung.

Dabei kann ein Punkt erreicht werden, an dem der Schaden durch die Nebenwirkungen einer Skandalisierung größer ist als ihr Nutzen durch Beseitigung der skandalisierten Missstände. Abbildung 11 illustriert den Zusammenhang. Das Modell zeigt: Die Schäden durch Skandale können den Nutzen einer Skandalisierung übertreffen. Gezeigt wird das, der Darstellung im Text folgend, anhand von Skandalen zu unterschiedlichen Zeiten. Die gleiche Überlegung kann man beim Vergleich der Skandalisierung verschiedener Missstände zu einem Zeitpunkt anstellen.

Die Kosten-Nutzen-Bilanz kann man näherungsweise zum Vergleich von Staaten anstellen. Die Frage lautet hier: Wo sind Skandale notwendig und wahrscheinlich positiv zu bewerten? Ein Beispiel ist die Skandalisierung von Umweltschäden in China oder im Kongo verglichen mit der Skandalisierung von Umweltschäden in Deutschland oder den Niederlanden.

Man kann sie auch zum Vergleich der Skandalisierung ähnlicher Missstände zu verschiedenen Zeitpunkten in einem Land heranziehen. Beispiele sind Skandalisierungen der Luftverschmutzung in Deutschland durch Abgase der Schwerindustrie (»rauchende Schlote«). Zwar wurde die zunehmende Luftverschmutzung nicht durch ihre mediale Skandalisierung gestoppt, sondern durch politische Entscheidungen in den 1970er-Jahren – darunter die Technische Anleitung zur Reinhaltung der Luft (TA Luft). Die in den 1980er- und 1990er-Jahren folgenden Wellen von Skandalen haben aber den Druck auf Politik und Unternehmen erhöht und die bereits eingeleiteten Entwicklungen beschleunigt. In diesen Fällen waren die positiven Folgen der Skandalisierungen vermutlich größer als ihre negativen Nebenfolgen. Anders werden voraussichtlich die Kosten-Nutzen-Bilanzen der Skandalisierungen von BSE und Dieselmotoren ausfallen, weil hier die Nebenwirkungen der Skandalisierungen für die betroffenen Unternehmen, Verbraucher sowie die Umwelt größer sein dürften als die positiven Folgen.

Funktionen und Dysfunktionen von Skandalen

Die dritte Frage lautet: Ist die Skandalisierung von allen Missständen ein Wert an sich? Hinweise für ihre Beantwortung gibt die Zahl der Skandale, mit der man bei der Skandalisierung aller bekannten Missstände rechnen müsste. Falls die Zahl der erfolgreich skandalisierten Missstände sehr groß ist, müsste man – wie im Fall der Entdeckung aller Straftaten – mit der Gewöhnung an Skandale und der Trivialisierung der skandalisierten Missstände rechnen. Sie würden dann zum Alltag gehören und mit einem Achselzucken hingenommen werden. Voraussetzung einer exakten Prüfung sind Informationen über die Zahl der Missstände, die Zahl der skandalisierten Missstände und die Zahl der erfolgreich skandalisierten Missstände.

Die dafür erforderlichen Informationen waren das Ziel einer dreistufigen Untersuchung.[12] Auf der ersten Stufe wurden Art und Zahl der bekannten Missstände mit einer telefonischen Befragung von 492 Repräsentanten unterschiedlicher Interessengruppen und 122 Journalisten in 21 Regionen Deutschlands ermittelt. Dabei wurden 2 015 Missstände identifiziert. Über die meisten Missstände hatten die Medien berichtet. Das traf auf 75 Prozent der von den Interessenvertretern genannten und auf 97 Prozent der von den Journalisten genannten Missstände zu. Die Vorstellung, es gäbe viele bekannte Missstände, die in den Medien nicht vorkommen, trifft demnach nicht zu.

Allerdings bestehen aus Sicht der Interessenvertreter erhebliche Unterschiede. Besonders häufig wurde über die von Unternehmens- und Gewerkschaftsvertretern genannten Missstände berichtet (80 Prozent), besonders selten über die von den Kirchenvertretern genannten (69 Prozent). Noch größere Unterschiede bestehen beim Blick auf die sozialen Orte der bekannten Missstände. Besonders häufig wurde über Missstände in den Kirchen (90 Prozent), besonders selten über Missstände in den Medien (38 Prozent) berichtet. Die Wahrscheinlichkeit, dass die Medien über bekannte Missstände berichten, unterscheidet sich aus Sicht von Personen mit unterschiedlichen Positionen und Interessen z. T. sehr stark.

Auf der zweiten Stufe wurden 48 gezielt ausgewählte Missstände genauer untersucht. Hierbei handelte es sich um 11 nicht skandalisierte, 22 erfolglos skandalisierte und 15 erfolg-

---

12 Hans Mathias Kepplinger & Simone Ehmig (2004): Ist die funktionalistische Skandaltheorie empirisch haltbar? In: Kurt Imhof et al. (Hrsg.): *Mediengesellschaft. Strukturen, Merkmale, Entwicklungsdynamiken.* Wiesbaden: VS Verlag, S. 363–375.

reich skandalisierte Missstände. Dazu wurden 224 Personen, die in verschiedenen Rollen mit den Missständen direkt zu tun hatten, telefonisch befragt. Erfolglos war eine Skandalisierung, wenn der Missstand angeprangert wurde, aber nach Aussage der Befragten keine nennenswerte Reaktion der Bevölkerung ausgelöst hatte. Erfolgreich war sie im Sinne der Definition, wenn die Befragten von empörten Reaktionen der Bevölkerung berichteten. Die Berichterstattung über die 48 Missstände wurde systematisch analysiert. Je mehr Beiträge über einen Missstand erschienen und je größer die durchschnittliche Zahl der anprangernden Beiträge war, desto erfolgreicher war die Skandalisierung. Die nicht skandalisierten Missstände wurden in durchschnittlich 1 Beitrag angeprangert, die erfolglos skandalisierten in durchschnittlich 12 Beiträgen und die erfolgreich skandalisierten in durchschnittlich 16 Beiträgen.

Daraus kann man zwei Folgerungen ableiten. Erstens: Nicht jede Anprangerung führt zu einer Skandalisierung, und nicht jeder Skandalisierungsversuch ist erfolgreich. Zweitens: Eine erfolgreiche Skandalisierung beruht auf zwei Faktoren – einer großen Zahl von Beiträgen durchsetzt mit einer relativ großen Zahl anprangernder Beiträge. Das bestätigt und ergänzt ein zentrales Ergebnis der oben berichteten Wirkungsstudie.

Für die dritte Stufe wurden erneut die Informationen der Vertreter von Interessengruppen und der Journalisten herangezogen. Nach ihren Angaben wurden über 80 Prozent der Missstände berichtet, in 31 Prozent dieser Fälle kontinuierlich. In diesen Fällen kann man aufgrund der zweiten Stufe der Analyse von einer Skandalisierung sprechen. Geht man davon aus, dass die Berichterstattung über ein Drittel dieser Missstände einen erheblichen Anteil an anprangernden Beiträgen enthielt, dann haben die Medien etwa 10 Prozent aller bekannten Missstände erfolgreich skandalisiert. Behoben oder gemildert wurden nach Auskunft der Befragten aufgrund der

Abb. 12   Anteil der aufgrund einer Skandalisierung behobenen oder geminderten Missstände an allen bekannten Missständen (in %)

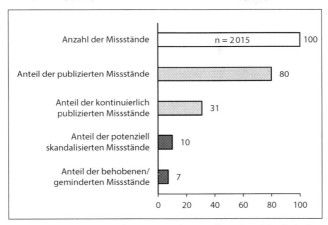

Quelle: Kepplinger, Hans Mathias/Simone Christine Ehmig (2004): Ist die funktionalistische Skandaltheorie empirisch haltbar? In: Imhof, Kurt et al. (Hrsg.): *Mediengesellschaft. Strukturen, Merkmale, Entwicklungsdynamiken.* Wiesbaden VS Verlag, S. 363–375, dort S. 372.

skandalisierenden Berichterstattung 7 Prozent aller bekannten Missstände (Abbildung 12).

Die Skandalisierung aller bekannten Missstände hätte vermutlich fünf Konsequenzen. Erstens: Die Zahl der Skandale würde dramatisch zunehmen. Zweitens: Die Bereitschaft zum Engagement in Unternehmen und Organisationen würde wegen des Risikos einer Skandalisierung erheblich abnehmen. Drittens: Der abschreckende Effekt von Skandalen würde durch ihre Trivialisierung eher ab- als zunehmen. Viertens: Die Geltungskraft der Normen würde, weil erkennbar sehr viele dagegen verstoßen, nicht gestärkt, sondern geschwächt. Fünftens: Die Zahl und das Ausmaß der negativen Nebenfolgen von Skandalisierungen – vor allem die Schädigung von

Unbeteiligten und Unschuldigen – wären gesellschaftlich kaum akzeptabel und mit unabsehbaren Folgen verbunden.

Daraus folgt: Auch in liberalen Demokratien kann die Skandalisierung von Missständen gelegentlich ein wichtiges Korrektiv für das Versagen von Kontrollmechanismen sein. Sie ist aber kein Wert an sich. Der Wert einer konkreten Skandalisierung hängt vielmehr von der Abwägung mehrerer Faktoren ab. Dazu gehören die tatsächliche Größe des Missstands, die Größe der beabsichtigten Folgen und die Größe der unbeabsichtigten Nebenfolgen. Eine solche Güterabwägung ist vor, während und nach den meisten Skandalisierungen allerdings nicht erkennbar.

10. Fazit und offene Fragen

Die empirischen Ergebnisse von qualitativen Fallstudien und quantitativen Analysen ermöglichen eine Reihe von relativ gut gesicherten Feststellungen, die hier zusammengefasst werden. Sie lassen sich allerdings nur bedingt verallgemeinern, weil sich z. B. die Gegenstände von Skandalen im Laufe der Zeit ändern und die Bedingungen von Skandalisierungen von Land zu Land verschieden sind. Zur Klärung zahlreicher Fragen fehlen empirische Studien. Darüber hinaus gibt es kaum zusammenfassende Darstellungen der Befunde zu einigen Spezialfragen.

S kandale sind soziale Konstrukte. Sie beruhen nicht auf der »Aufdeckung« eines Skandals, sondern auf der Skandalisierung eines bekannten oder bisher unbekannten Missstands. Die Missstände können z. B. durch Recherchen von Journalisten, durch Aktivitäten von Staatsanwälten und kenntnisreiche Bürger bekannt werden. Das dominierende Ziel ihrer Aufdeckung ist die Einleitung geregelter Verfahren, durch die solche Missstände beendet, beseitigt und in Zukunft verhindert werden. Ein weiteres Ziel besteht darin, die Verantwortlichen in einem geregelten Verfahren zur Rechenschaft zu ziehen. Das schließt die Möglichkeit zur Revision von Entscheidungen ein – eines Gerichtsurteil und einer Entlassung.

© Springer Fachmedien Wiesbaden GmbH, ein Teil von Springer Nature 2018
M. Kepplinger, *Medien und Skandale*, Medienwissen kompakt,
https://doi.org/10.1007/978-3-658-21394-7_10

Das Ziel der Skandalisierung von Missständen ist die moralische Verurteilung, soziale Ächtung und Abstrafung der Skandalisierten durch Entlassung oder Rücktritt von Menschen oder durch Imageverluste und materielle Rückschläge von Unternehmen, und zwar vor Beginn eines geregelten Verfahrens. Skandale sind nicht die Voraussetzung geregelter Verfahren, sondern kommen ihnen zuvor. Gegen eine erfolgreiche Skandalisierung gibt es meist keine echte Revision. Falls es sie in seltenen Fällen später durch ein Verfahren gibt, das die Skandalisierten entlastet, hilft es ihnen kaum. Trotzdem ist die Skandalisierung von Missständen auch in liberalen Rechtsstaaten in begründeten Ausnahmefällen – wie dem Versagen der zuständigen Institutionen – notwendig, weil sie deren Funktionsmängel offenlegt und kompensiert.

Die Skandalforschung hat mit quantitativen und qualitativen Fallstudien sowie durch systematisch vergleichende Analysen mehrere Skandalisierungsmechanismen ermittelt. Zu den Basisproblemen von Skandalen und der skandalisierten Realität gibt es einige wenige Studien. Sie betreffen:

- das Verhältnis von bekannten, skandalisierten und dadurch behobenen Missständen,
- die positiven Wirkungen von Skandalen,
- die negativen Nebenwirkungen von Skandalen und
- die Bilanz ihrer positiven Wirkungen und negativen Nebenwirkungen.

Die Art und Relevanz von skandaltypischen Schemata (»frames«) sind relativ gut bekannt. Dazu gehören:

- das skandaltypische Schema bestehend aus Behauptungen über die Verursachung von vermeidbaren Schäden durch eigennützig handelnde Menschen, die die Folgen ihres Tuns kannten und auch anders hätten handeln können,
- der Einfluss skandaltypischer, d. h. schemagerechter Nach-

richtenfaktoren auf den Umfang skandalisierender Meldungen (Nachrichtenwert),

- die geringe Relevanz des Wahrheitsgehaltes der Behauptungen für die Wirksamkeit skandaltypischer Schemata (Vorverurteilung),
- die Bedeutung verbaler und visueller Informationen als Teile solcher Schemata (Isolation) und
- der Einfluss von Schemata auf die Rezeption und Wirkung von fragmentierten Schemata (Illusion der autonomen Urteilsbildung).

Relativ gut bekannt ist auch die Gestalt von Skandalen, und zwar:

- ihre typische Struktur als »Anbausysteme«,
- ihre (kürzer werdende) Dauer und
- ihre zunehmende Häufigkeit.

Einige Daten gibt es zu den reziproken Effekten von Skandalen, nämlich:

- der atypisch intensiven Mediennutzung der Betroffenen,
- den Vermutungen der Betroffen über die starke Wirkung ihrer Anprangerung auf Dritte und
- die eingeschränkte Möglichkeit der Skandalisierten, ihre Sicht des Geschehens medial zu verbreiten.

Außerdem gibt es einige Daten zum Umgang mit Verstößen gegen journalistische Berufsnormen, darunter:

- qualitative Fallanalysen durch externe Beobachter und
- quantitative Befragungen von Journalisten.

Trotzdem gleicht die Skandalforschung einem halbfertigen Hochhaus, in dem in einigen Stockwerken nur erste Wände stehen. So fehlen systematische Studien zu den positiven Einflüssen von Skandalen auf:

- die Funktionsweisen von Organisationen (Behörden, Unternehmen),
- die Verabschiedung von Gesetzgebung zur Vermeidung von Schäden und den Erlass entsprechender Anordnungen und
- die Präventivwirkung von Skandalen, z. B. über das Fehlverhalten relevanter Personen vor und nach großen Skandalen.

Des Weiteren fehlen systematische Vergleichsstudien:

- zur Skandalisierung bestimmter, messbarer Missstände im Zeitverlauf,
- zur Skandalisierung verschiedener aber vergleichbarer und messbarer Missstände – etwa der Skandalisierung der Nebenwirkungen von Herz-Kreislauf-Medikamenten und Psychopharmaka,
- zur Skandalisierung der gleichen Schäden in verschiedenen Ländern – etwa der Luft- und Gewässerbelastung und
- zur Skandalisierung vorhandener Schäden und möglichen Schäden (Risiken).

Es fehlen außerdem systematische Informationen über die Bedeutung von:

- uneigennützigen Informanten, die nach eigener Überzeugung im Interesse des Gemeinwohls handeln,
- eigennützigen Informanten, die sich an Personen und Organisationen rächen und Konkurrenten schädigen wollen, und
- gemeinnützigen Organisationen, die Missstände skandalisieren, um ihr Spendenaufkommen zu vergrößern.

Trotz existierender methodischer Modelle in der Wissenschafts- und Risikokommunikation fehlen systematische Untersuchungen zur Beurteilung des Tatsachengehalts und der Relevanz skandaltypischer Schadensbehauptungen:

- durch betroffene Personen,
- betroffene Unternehmen und
- fachlich ausgewiesene Experten.

Es fehlen systematische Untersuchungen zum Einfluss skandaltypischer Übertreibungen auf:

- die Irreführung von Rezipienten (Fehlwahrnehmung von Risiken) und
- das Fehlverhalten von Rezipienten aufgrund von Fehlwahrnehmungen (Non-Compliance).

Angesichts des vermutlich zunehmenden Einflusses von Skandalen auf Regierungen, Verwaltungen und Unternehmen handelt es sich bei den offenen Fragen nicht um gesellschaftliche Randprobleme. Besonders wichtig sind in diesem gesellschaftlichen Zusammenhang Untersuchungen, die auf zwei trivial erscheinenden Prämissen beruhen: Es gibt eine Realität jenseits der Realitätsdarstellung der Medien, und es gibt neben den Medienberichten andere Realitätsindikatoren – wie Messergebnisse, Häufigkeitsstatistiken und Expertenurteile. Daraus folgt eine zentrale Frage der Skandalforschung: Informieren die Medien im Fall der Skandalisierung von Missständen ihre Leser, Hörer und Zuschauer so ausreichend über alternative Informationen und Quellen, dass sie sich eine eigene Meinung bilden können?

Zum Weiterlesen

**Burkhardt, Steffen (2015): Medienskandale. Zur morali-
schen Sprengkraft öffentlicher Diskurse. Köln: Herbert von
Halem.**
Das Buch enthält auf der Grundlage einer Vielzahl von Publi-
kationen eine sehr breit angelegte Übersicht über verschiedene Aspekte von Skandalen sowie die Ergebnisse einer eigenen
Fallstudie. Es eignet sich vor allem als Nachschlagewerk und
als Quelle für weitreichende Literaturrecherchen.

**Burkhart, Dagmar (2002): Ehre. Das symbolische Kapital.
München: dtv.**
Die Verfasserin gibt einen fundierten Überblick über Ehrver-
letzungen aus der Sicht der Betroffenen. Dabei geht sie auf
verschiedene Personen, Gruppen und Nationen ein.

**Donsbach, Wolfgang/Dietmar Gattwinkel (1998): Öl ins
Feuer. Die publizistische Inszenierung des Skandals um die
Rolle der Ölkonzerne in Nigeria. Dresden: Dresden Univer-
sity Press.**
Grundlage sind differenzierte Inhaltsanalysen der Bericht-
erstattung über gravierende Missstände im Zusammenhang

© Springer Fachmedien Wiesbaden GmbH, ein Teil von Springer Nature 2018
M. Kepplinger, *Medien und Skandale*, Medienwissen kompakt,
https://doi.org/10.1007/978-3-658-21394-7

mit der Ölförderung in Nigeria, durch die auch die Rolle verschiedener Akteure im Hintergrund deutlich wird.

Entmann, Robert (1991): Framing U. S. Coverage of International News. Contrasts in Narratives of KAL and Iran Air Incidents. In: Journal of Communication, Band 41, Heft 4, S. 6–27.
Der Verfasser analysiert die verbale und visuelle Darstellung der Abschüsse eines koreanischen und eines iranischen Verkehrsflugzeugs durch sowjetische und amerikanische Streitkräfte. Gestützt auf sprachliche und bildliche Belege zeigt er, dass amerikanische Medien den Abschluss der koreanischen Maschine als verbrecherischen, systematischen Akt, den Abschluss der iranischen Maschine dagegen als verhängnisvollen Irrtum »geframt« haben. Dadurch haben sie im ersten Fall – und im Gegensatz zum zweiten Fall – ein skandaltypisches Schema etabliert.

Hondrich, Karl Otto (2002): Enthüllung und Entrüstung. Eine Phänomenologie des politischen Skandals. Frankfurt am Main: Suhrkamp.
Das leicht lesbare Buch enthält im ersten Teil eine »Skandaltheorie« und im zweiten Teil Beiträge über mehrere »Skandalfälle«. Sie beruhen vor allem auf Artikeln für Zeitungen und Zeitschriften. Ihre Basis ist eine ausgeprägte Distanz zu Politik (Macht) und Wirtschaft (Geld), verbunden mit dem Vertrauen in positive Funktionen von Skandalen.

Kepplinger, Hans Mathias (2017): Die Mechanismen der Skandalisierung. Warum man den Medien vor allem dann nicht vertrauen kann, wenn es darauf ankommt. Reinbek: Lau.
Das Buch erklärt in allgemeinverständlicher Sprache anhand bekannter Beispiele, weshalb in Skandalen die Mehrheit der Menschen glaubt, dass sie genau Bescheid weiß, ferner wie der

skandaltypische Gleichklang der Medien entsteht und warum sich auch diejenigen, die zugeben, was man ihnen vorwirft, als Opfer der Medien betrachten.

Kepplinger, Hans Mathias/Simone Christine Ehmig/Uwe Hartung (2002): Alltägliche Skandale. Eine repräsentative Analyse regionaler Fälle. Konstanz: UVK.
Die Studie beschreibt und analysiert auf der Grundlage von aufeinander aufbauenden Befragungen und Inhaltsanalysen das Verhältnis zwischen der Art und Anzahl bekannter Missstände, ihrer Wahrnehmung durch verschiedenen Personen in unterschiedlichen Rollen sowie ihrer Darstellung durch die Medien in den erfassten Regionen.

Ludwig, Mark/Thomas Schierl/Christian von Sikorski (Hrsg.) (2016): Mediated Scandals. Gründe, Genese und Folgeeffekte von medialer Skandalberichterstattung. Köln: Herbert von Halem.
Nach einer literaturbasierten Einführung präsentiert der Band mehrere theoretische Ansätze für die Analyse von Skandalen sowie empirische Untersuchungen zur Entstehung von Skandalen, zur Entwicklung ihrer Häufigkeit in mehreren Ländern sowie zur Wirkung einer visuellen Stereotypisierung von Skandalisierten und einer verbalen Verdächtigung möglicher Urheber eines Missstands.

Puglisi, Riccardo/James M. Snyder, Jr. (2011): Newspaper Coverage of Political Scandals. In: The Journal of Politics, Band 73, Heft 3, S. 931–950.
Grundlage der Analysen ist eine automatisierte Inhaltsanalyse der Berichterstattung über 32 politische Skandale in einem Zeitraum von zehn Jahren in den USA. Die Autoren zeigen, dass Zeitungen, die vor Wahlen die Demokraten unterstützen, besonders intensiv über in Skandale verstrickte republikanische Politiker berichten, während Zeitungen, die den Repu-

blikanern nahestehen, es umgekehrt tun. Das ist – abgesehen von lokalen Skandalen – auch dann der Fall, wenn die Leser eher der skandalisierten Seite zuneigen.

Sabato, Larry J./Mark Stencel/S. Robert Lichter (2000): Peepshow. Media and Politics in an Age of Scandal. Lanham, Md.: Rowman & Littlefield.
Die Autoren präsentieren Regeln für Berichte über Missstände, beschreiben Kräfte verdeckter Informanten sowie eine Reihe schwerwiegender Regelverstöße. Nach ihrer eigenen Beurteilung der Fälle präsentieren sie Rechtfertigungen verantwortlicher Journalisten für ihre Vorgehensweisen. Zwar unterscheiden sich die journalistischen Berufsregeln und die Skandalanlässe in den USA von denen in Deutschland. Die Analysen liefern aber trotzdem Anregungen für einen rationalen Umgang mit der Problematik.

Siebert, Sandra (2010): Angeprangert! Medien als Motor öffentlicher Empörung. Marburg: Tectum.
Grundlage ist eine komplexe Kombination von Inhaltsanalysen der Skandalisierung von fünf Missständen mit der telefonischen Befragung von 150 bis 250 Mediennutzern wenige Tage nach Beginn der Berichterstattung. Die Studie enthält detaillierte Informationen zur Art der Berichterstattung, zur Wahrnehmung der Sachverhalte durch die Bevölkerung und zur Wirkung der Mediendarstellung.

Tiffen, Rodney (1999): Scandals. Media, Politics & Corruption in Contemporary Australia. Sydney: University of New South Wales Press.
Der Verfasser vermittelt anhand konkreter Fälle gut fundierte Informationen zur Entstehung und zum Verlauf von Skandalen, zum Verhalten der Beteiligten auf der Vorder- und Hinterbühne des Geschehens, zu den Vor- und Nachteilen verschiedener Verteidigungsstrategien sowie zu den Auswir-

kungen von Skandalisierungen auf Personen und Organisationen.

Wolfe, Tom (1987): The Bonfire of the Vanities. New York: Farrar Straus Giroux.
Wolfe beschreibt in seinem sachlich-informativen und facettenreichen Roman, dem ein realer Fall zugrunde liegt, mitleidlos das Zusammenspiel von Predigern, Journalisten, Juristen und Politikern im Fall der Skandalisierung eines vermögenden Börsenmaklers. Alle Akteure – einschließlich des Börsenmaklers selbst – vertreten unter dem Deckmantel höherer Ziele vor allem ihr Eigeninteresse. Am Ende ist die materielle, gesellschaftliche und psychische Existenz des Skandalisierten ruiniert, die Ursache seiner Skandalisierung – der Tod eines jungen Schwarzen – aber weiter ungeklärt. (Titel der deutschen Übersetzung: *Fegefeuer der Eitelkeiten*)

Wulff, Christian (2014): Ganz oben, ganz unten. München: Beck.
Wulff präsentiert sachlich und informativ seine Sicht auf seine Wahl zum Bundespräsidenten und seine Amtszeit sowie seine Skandalisierung. Die Darstellung enthält in der Öffentlichkeit bis heute kaum bekannte Hintergrundinformationen zu den Ursachen seiner Skandalisierung sowie zu den Praktiken einiger Journalisten und Medien.

Glossar

Emotionen: Als Emotionen bezeichnet man weitgehend automatische Reaktionen unter anderem auf Medienberichte. Die Art und Intensität von Emotionen hängt von mindestens zwei Faktoren ab: dem aktuellen Erregungsstand und der Wahrnehmung seiner tatsächlichen oder vermeintlichen Ursache. Je größer die Erregung ist, desto intensiver sind die Reaktionen. Die Art der Emotionen hängt von den wahrgenommenen Auslösereizen ab. Handelt es sich z. B. um einen Mord, reagieren Menschen mit Abscheu; handelt es sich um einen unerklärlichen Unfalltod, reagieren Menschen mit Trauer. Ist der Unfall die Folge von Fremdversagen, reagieren Menschen mit Empörung. Bei dem weichenstellenden Auslösereiz handelt es sich in Skandalen um die Darstellung von Menschen als mehr oder weniger frei und egoistisch handelnde Schadensursache.

Essentialistischer Trugschluss: Die Nutzer von Informationen über Ausschnitte der Realität, die sie nicht aus eigener Erfahrung kennen, glauben irrtümlich, dass sie die Realität wahrnehmen und darüber urteilen. Dies ist umso eher der Fall, je mehr unterschiedliche Quellen eine bestimmte Dar-

© Springer Fachmedien Wiesbaden GmbH, ein Teil von Springer Nature 2018
M. Kepplinger, *Medien und Skandale*, Medienwissen kompakt,
https://doi.org/10.1007/978-3-658-21394-7

stellung zu bestätigen scheinen. Tatsächlich urteilen die Rezipienten jedoch nicht über die Realität – die Natur der Sache selbst –, sondern über Sachdarstellungen. Sie können mehr oder weniger realitätsgerecht sein. Eine einflussreiche Ursache von essentialistischen Trugschlüssen sind wegen der damit verbundenen Augenzeugenillusion Fotos und Filme, zumal den Betrachtern meist nicht bewusst ist, dass andere Aufnahmetechniken und andere Realitätsausschnitte völlig andere Eindrücke vermitteln können.

Fundamentaler Attributionsfehler: Akteure sehen die Ursachen fragwürdiger Handlungen vor allem in den Umständen ihres Verhaltens. Beobachter erklären sie vor allem mit dem Charakter und den Motiven der Akteure. Beide erklären das Verhalten nicht im strengen Sinn, sondern schreiben ihm unterschiedliche Ursachen zu (»attribuieren« sie). Die Überbetonung der unterschiedlichen Handlungsursachen durch Akteure und Beobachter führt zu schwer vermeidbaren Fehlwahrnehmungen beider Seiten.

Illusion der autonomen Urteilsbildung: Die meisten Menschen kennen das aktuelle Geschehen nur aus Medienberichten. Je intensiver und ähnlicher die Medien ein Geschehen darstellen, desto mehr legen sie bestimmte Schlussfolgerungen der Rezipienten nahe – z. B. die Forderung nach Bestrafung von Übeltätern. Weil die Rezipienten diese Folgerungen selbst ziehen, sind sie davon überzeugt, sie hätten sich eigenständig eine Meinung gebildet. Diese Meinung folgt jedoch umso zwingender aus der Berichterstattung, je ähnlicher die Medien das Geschehen darstellen. Die Folgerungen und Meinungen sind deshalb weder originell noch eigenständig, sondern präformiert.

Instrumentelle Aktualisierung: Üblicherweise betrachten Menschen die Berichterstattung der Medien in Analogie zu einer Kausalkette: Die Ereignisse sind Ursachen von Berichten, Berichte sind Folgen von Ereignissen, wobei ihre Platzierung, Größe und Anzahl von den Merkmalen der Ereignisse abhängen. Vor allem im Fall der Berichterstattung über kontroverse Themen können die Berichte über bestimmte Ereignisse zu einem Mittel werden, die einem bestimmten Zweck dienen. Dieser Zweck kann darin bestehen, eine bestimmte Sichtweise auf das Geschehen und die damit zusammenhängen Meinungen zu fördern oder zu verhindern. Eine derart geprägte Berichterstattung beruht auf der instrumentellen Aktualisierung von Informationen über Ereignisse, die diesem Ziel und Zweck dienen.

Kognitionen: Als Kognitionen bezeichnet man im Zusammenhang mit Missständen die Wahrnehmung der Sachverhalte durch einzelne Personen oder durch Kategorien (Gruppen) von Personen. Grundlage der Kognitionen können sprachliche und bildliche Informationen sein. Gegenstände von Kognitionen sind z. B. die Wahrnehmung wertfreier und wertgeladener Aussagen. Von den Kognitionen ist ihre individuelle Verarbeitung zu unterscheiden. So können verschiedene Personen die gleichen Sachverhalte in gleicher Weise wahrnehmen, diese Wahrnehmung aber unterschiedlich verarbeiten, indem sie aufgrund ihres jeweiligen Wissens unterschiedliche Folgerungen ziehen.

Medienwirkungen: Medienwirkungen sind messbare Einflüsse von Medienangeboten auf Kenntnisse, Meinungen, Einstellungen, Emotionen und Verhaltensweisen der Mediennutzer. Solche Einflüsse kann man in sozialwissenschaftlichen Experimenten genau ermitteln, allerdings kann man die Ergebnisse nur mit erheblichen Einschränkungen auf Alltagssituationen übertragen. Eine Alternative bietet die Kombination von Inhaltsanalysen der Medienangebote mit Befragungen der Mediennutzer. Diese Erhebungen können einmal oder mehrfach nacheinander durchgeführt werden. Im Idealfall werden die gleichen Medienangebote in bestimmten Zeitabschnitten analysiert und am Anfang und Ende der Perioden die gleichen Personen befragt (Panel). In diesem Fall kann man die Wirkung der genutzten Medienberichte auf die einzelnen Nutzer realistisch abschätzen.

Missstand: Ein Missstand ist ein Sachverhalt, den fast alle Mitglieder einer Gemeinschaft negativ beurteilen. Ob ein Sachverhalt als Missstand wahrgenommen wird, hängt von den Werten und Erwartungen der jeweils relevanten Gemeinschaft ab. So nimmt die Bevölkerung in wohlhabenden Ländern im Unterschied zur Bevölkerung in armen Ländern einen mehrstündigen Weg zu einem Arzt als Missstand wahr, und die Sympathisanten von Terroristen betrachten im Unterschied zur betroffenen Bevölkerung unzureichende Sicherheitsmaßnahmen nicht als Missstand, sondern als Chance.

Publizistische Konflikte: Publizistische Konflikte sind meist werthaltige Auseinandersetzungen zwischen gegensätzlichen Lagern über die Medien. Die gegensätzlichen Lager besitzen in solchen Konflikten oft ungleiche Chancen. Sie hängen nicht nur von der Qualität ihrer Argumente ab, sondern auch von der Bereitschaft der meinungsbildenden Medien, die jeweilige Sichtweise neutral oder zustimmend zu vermitteln. Im ungünstigsten Fall werden wichtige Argumente weitgehend totgeschwiegen. Dieser normalerweise seltene Fall tritt bei Skandalen relativ häufig auf.

Reziproke Effekte: Hierbei handelt es sich um Wirkungen von Medienberichten auf diejenigen, über die sie berichten (Protagonisten der Berichterstattung). Die Wirkung auf diese Personen ist wegen der Betroffenheit der Personen, ihrer intensiven Nutzung der Berichte und ihrer Verarbeitung der Berichte vor dem Hintergrund ihrer Sicht auf die berichteten

Sachverhalte größer als auf die Masse der unbeteiligten Beobachter. Weil es sich bei vielen Protagonisten von Medienberichten um Personen in einflussreichen Positionen handelt, können direkte Medieneffekte auf ihre Entscheidungen indirekte Effekte auf zahlreiche andere Personen besitzen, die von ihren Entscheidungen betroffen sind.

Schemata: Im Alltag nehmen Menschen Informationen nicht einzeln nacheinander wahr, sondern – weil sie nicht alle Informationen wahrnehmen und verarbeiten können – schemagesteuert selektiv. Ein solches Schema kann die durch Medienberichte etablierte Vorstellung sein, alle Autofirmen hätten ihre Kunden durch falsche Informationen über Abgase betrogen. Nach der Etablierung eines solchen Schemas nutzen Menschen bevorzugt schemagerechte Informationen und halten sie für wahr. Zudem ergänzen sie fehlende, aber plausible Informationen. Dagegen vermeiden sie Informationen, die einem etablierten Schema widersprechen oder halten sie für unglaubwürdig und unwahr. Dieses Verhalten erscheint auf den ersten Blick irrational und besitzt auch erhebliche Nachteile. Es ist jedoch im Alltag wegen der begrenzten Verarbeitungskapazität von Menschen unvermeidlich und verhindert, dass sie jede Falschmeldung glauben.

Skandal: Skandale sind empörte Reaktionen zahlreicher Menschen auf Missstände, die oft mit Forderungen nach Bestrafung der erkennbaren Urheber verbunden sind. Weil nur die Medien viele Menschen hinreichend oft mit ähnlichen Botschaften erreichen, sind Medienberichte eine Voraussetzung für die Entstehung von Skandalen. Eine weitere Voraussetzung ist die Darstellung der Missstände als Ergebnis des eigennützigen Verhaltens von Menschen, die in Kenntnis der Folgen gehandelt haben und in der Lage gewesen wären, anders zu handeln. Eine derartige Darstellung löst aber nur dann einen Skandal aus, wenn die meisten Medien die Sachverhalte ähnlich (konsonant) darstellen. Dagegen ist es nicht notwendig, dass alle Berichte alle genannten Elemente aufweisen.

Wirkungspotenzial: Das Wirkungspotenzial der Medienberichterstattung beruht auf der Art und Intensität (Häufigkeit) ihrer Berichte, der Zahl ihrer Leser, Hörer oder Zuschauer (Reichweite) gewichtet mit der Intensität (Regelmäßigkeit, Dauer) der Nutzung der Berichte durch ihr jeweiliges Publikum. Die ermittelten Werte charakterisieren die Voraussetzungen für Medienwirkungen, sind aber mit ihnen nicht identisch. Da im Fall großer Skandale (fast) alle Medien ähnlich berichten, hängt das Wirkungspotenzial einzelner Medien vor allem von ihrer Reichweite ab. Das größte Wirkungspotenzial besitzen Fernsehsender und Boulevardzeitungen.

Wissensillusionen: Als Wissensillusionen bezeichnet man die irrtümliche Überzeugung von Menschen, dass sie zur Beurteilung eines Sachverhaltes alle relevanten Informationen kennen und dass ihre Folgerungen daraus vernünftig sind. Eine Ursache von Wissensillusionen ist die massierte, gleichgerichtete Darstellung eines Geschehens durch mehrere Medien, deren Berichte sich gegenseitig zu bestätigen scheinen. Tatsächlich können sie auch deshalb gleich sein, weil sie alle aus derselben Quelle stammen. In Skandalen sind Wissensillusionen meist die Folge einer schemagesteuerten Berichterstattung über einen Missstand, die eine entsprechend schemagerechte Wahrnehmung der Realität hervorruft.

Printed in the United States
By Bookmasters